縄文文化の

フォル

ジー（形象学）

日高見国の文化

東北大学名誉教授
田中英道
Hidemichi Tanaka

育鵬社

はじめに

　この小著は、縄文時代の土器、土偶のフォルモロジー（形象学）をテーマにしていますが、これらの土器、土偶は縄文時代しか造られませんでした。つまり、縄文時代が過ぎて、紀元前一〇〇〇年頃から日本列島にやってきたユダヤ人たちの渡来以前に日本列島にいた原日本人によって創造された形象で、それ自体が、芸術の段階に至っているものが多い。つまり高い文化の産物です。

　そこにはユダヤ人的なイコノロジー（図像解釈学）はありません。このイコノロジーとは何かというと、まさにユダヤ人学者によって二〇世紀に生まれた美術史の学問方法なのです。つまり、形象の中の言語的な意味が図像解釈学です。

　私がストラスブール大学に留学した頃、美術史で最も盛んな学問方法でした。その時の師匠であった、ルイ・グロデッキ先生が、同僚のアメリカに亡命していたエルヴィン・パノフスキーの訃報（一九六八年）を聞いて、教壇の上で、涙を流していたのを思い出します。同じユダヤ人としてナチスに苦しめられた記憶を、思い出していたからだったのでしょう。イコノロジーには、必ずしも美的価値は含みません。ユダヤ人にとっては、言語的解釈が優先し、美的価値は二次的問題です。

本書で触れた縄文土器も土偶も、こうしたイコノロジーでは理解できません。その理由は、日本には文字がなかったからで、文字による意味づけによって成り立つ図像学はなかったからです。

日本美術の多くは、西洋のようにイコノロジーに基づくことは少なく、まず形象があって、その形象そのものを分析して、解釈をしていくものが多いのです。私は『日本美術全史』（講談社）を書きましたが、その解釈よりも、その美的価値のほうに意を注いでいたのです。今回の縄文土器、土偶のフォルモロジー研究は、まさに形象の研究であって、図像学のような元の文字的意味から来たものではないからです。

本文では触れませんでしたが、縄文時代に早くから作られた形象に勾玉《まがたま》があります。この勾玉こそ、縄文時代から今日まで作られ続けている唯一の形象です。

これが日本人のアイデンティティを形象であらわしている、と言っていいでしょう。これこそ、フォルモロジー（形象学）の出番と言っていい検討対象です。ところが、形の類似によってその意味を知ろうにも、類似した形が古今東西見当たらないのです。フォルモロジーによる検討ができず、この勾玉の意味は日本人でさえわかっていないのです。

《勾玉（まがたま、曲玉とも表記）は、先史・古代の日本における装身具の一つである。祭祀にも用いられたと言われるが、詳細は分からない。語源は「曲っている玉」から来ているという説が有力である。語の初出は『記紀』で、『古事記』には「曲玉」、『日本書紀』には「勾玉」の表記が見られる。また『魏志倭人伝』には「句珠（くしゅ）」の表記がある》（『日本大百科全書など』）というように、形の意味がどこにも書いていないし、ここに書かれる装身具だというのも、怪しいのです。現にこの勾玉は、天皇家がお持ちですが、装身具としてではなく、三種の神器の一つとして大事に保存されているはずです。

また、「形の由来」の説として様々なものがあるようです。

動物の牙で作った牙玉を基とする説、魂の姿を象ったとする説、鉤状の形に意味があったとする説、月の形を模したとする説。

この他にも幾つかの説があるようで、なにが由来か、そもそも由来が一つなのかもよくわかっていません。

しかしながら、ここには、私のフォルモロジーから得た解釈はありません。私の本をお読みになった方はわかるように、絶対に、「太陽と三日月」を組み合わせたもの、と考えています。そして小さな穴は、そこから輝く太陽をじかに見たときに眩《まぶ》しくならないためです。

しかし、そうだと感じられないものがあるのは、その意味を忘れた後代の人々が作ったものだから、と言っていいでしょう。特に出雲系で作られたものは、そうと思われないものが多いのです。ユダヤ（出雲）系の人々が高天原《たかまがはら》系と秘かに対立した結果であるかもしれません。鳥居の形の違いにも関係していると思います。

いずれにせよ、日本と太陽は、日本の国旗がそうであるように、切っても切れないご縁があるのです。これは直感からくるフォルモロジーと言っていいでしょう。

ここに掲載されている各章のエッセイは、第五章の「三内丸山遺跡の形象学《フォルモロジー》」を除くと、

第一章は『日本國史學』第十二号の「火焔土器は水紋土器である——縄文土器とは何か」、第二章は論文集『高天原は関東にあった』に掲載された「縄文土偶は異形人像である」で、東北大学時代のものです。第三章は『高天原は関東にあった』の第二章の「神道は形象で表現される」、第四章は同じく同書の第五章「『高天原』は『日高見国』であった」という題の論文です。

また本書の第五章は、新稿で三内丸山遺跡について書いています。この三内丸山遺跡の発見によって縄文時代の歴史の様相が一変したことは、皆さんもご存知のことでしょう。これからももっと遺物が発掘されて、全貌はより見えてくるでしょうが、あえてエッセイ的に、この地域の重要性を語っています。日高見国＝太陽の国がこの地域の中にあったことは、あの高い六本柱の遺跡から想像されます。

現今の、縄文土器、土偶への人々の関心の高さと、縄文時代の新しい理解の仕方を学びたい、という読者の意向に沿うべく、それぞれの論文を一般向けに、口語体で読みやすくしたのがこの本です。

縄文文化のフォルモロジー（形象学）　日高見国の文化　目次

2 世界の土偶も異形人像である

第四章　神話と縄文考古学を結びつける

第五章　三内丸山遺跡の形象学《フォルモロジー》

編集協力――高関　進
装　　幀――村橋雅之

第一章

縄文土器の形象学《フォルモロジー》
火焔土器は水紋土器である

◉「太陽の昇る国」をめざした人類

アフリカは人類の故郷と考えられており、人々はアフリカから太陽をめざして船を漕ぎだし、各地に散らばっていったとされています。その証拠の一つとして、メソポタミア文明が繁栄したカスピ海沿岸のゴブスタンの岩窟《がんくつ》に、大きな船の線刻画があります。カスピ海沿岸で漁をするための小さな漁船ではありません。また、この遺跡は日本の縄文時代と重なる時代のもので、船の舳先《へさき》には太陽が描かれています。

ゴブスタン博物館の解説によれば、「線刻画の大きな船の舳先に太陽のイメージが記されているということは、このタイプの船が日常的な漁業に使用されていた船ではないことがわかる。『船が死者を永遠に運ぶ』という古い神話と関連があるかもしれない。また、太陽信仰があったとも考えられる。ゴブスタンではそうした生活の源泉があり、太陽をめざす船が指針となり、人々が気象条件の悪いときに唱えるある呪文のようなものとして描かれたのだろう」ということです。

この解説で指摘しているように、死んだ人間が永遠の世界に向かう指針としての太陽、という解釈ももちろんあります。しかしむしろ、人々がカスピ海を渡る際に太陽の方向に向かっていくことを示唆しているのではないでしょうか。

エジプト文明においてしばしば描かれる船も、死者を彼岸《ひがん》に運ぶ象徴として解釈されています。しかしそれよりも、遠い、太陽の昇る東の方向に永遠の楽園があり、そこをめざしたいという人々の希望の象徴としての船を描いたと私は考えています。「黄泉《よみ》の国をめざす船」という表現は、当時としては観念的すぎるからです。

ゴブスタンのみならず、アルタミラやラスコーの壁画など、石器時代の多くの岩窟遺跡に描かれる画は、動物でも人間でも、すべて当時の現実に即した写実となっています。決して観念的に世界を描いているものではありません。

また、壁画の下部（図1の「ゴブスタンの岩窟の線刻画」）に描かれている狩りをする人々は、あくまで狩りに行く途中で、黄泉に行く人とは思われないのです。

ちなみに、日本の土器や土偶《どぐう》もまた、現実を超えた幻想のモチーフである「あの世の精霊」が描かれているものではありません。土偶については、異形人をかたどったものであ

図1　ゴブスタンの岩窟の線刻画。上部の船

り、土器の装飾も抽象的なものではなく、具体的なものへの祈りの意味であると私は考えています。

ゴブスタン岩窟画には二二艘《そう》のカヌーが描かれており、四〇人以上の漕ぎ手が乗っているように見えます。つまり、当時そのようなカヌーの漕艇術があり、多くの人を運ぶ場合、大陸を徒歩や馬で進むより、船による航海に依《よ》っていたと想像できるでしょう。

太陽に向かって日本にまでやってきた人々は、太平洋に至って黒潮に乗り、南方の島々を越えて来たと考えられます。日本列島の九州や山陰に到着した人々でさえ、そこに留まらずに太陽の昇る方向をめざし、関東や東北までめざしたのです。縄文時代の人口の九〇パーセント以上を関東・東北が占めていたことでも、それは明らかです。

太陽信仰を中心とした「日高見国《ひだかみこく》」が日本という名の国となり、日の丸を国旗としたというのは、まさに日本の遠い歴史の裏づけといえるのです。遠い祖先たちの「太陽をめざす」という願望を、明確に表現したものであることは疑いないでしょう。

◉縄文文化が開花した日高見国

『古事記』『日本書紀』（以下『記紀』）、また『風土記』『祝詞《のりと》』などにおける「日高見国」の記述と、縄文時代の日本の人口の九〇パーセント以上が関東、東北に住んでいたという事実から、「日高見国」の存在を明らかにしようとして書いたのが『高天原は関東にあった』（勉誠出版）などの拙著でした。

私はこの「日高見国」の記憶が、祖先を神々であると考える日本人たちに『記紀』の神話を成立させたと考察してきました。それは「高天原《たかまがはら》」の存在抜きには考えられず、「天の原」（『万葉集』）である富士山が見え、鹿島神宮の近くに高天原の地名が三つも残されていることが、高天原の存在の証拠としてあげることができます。

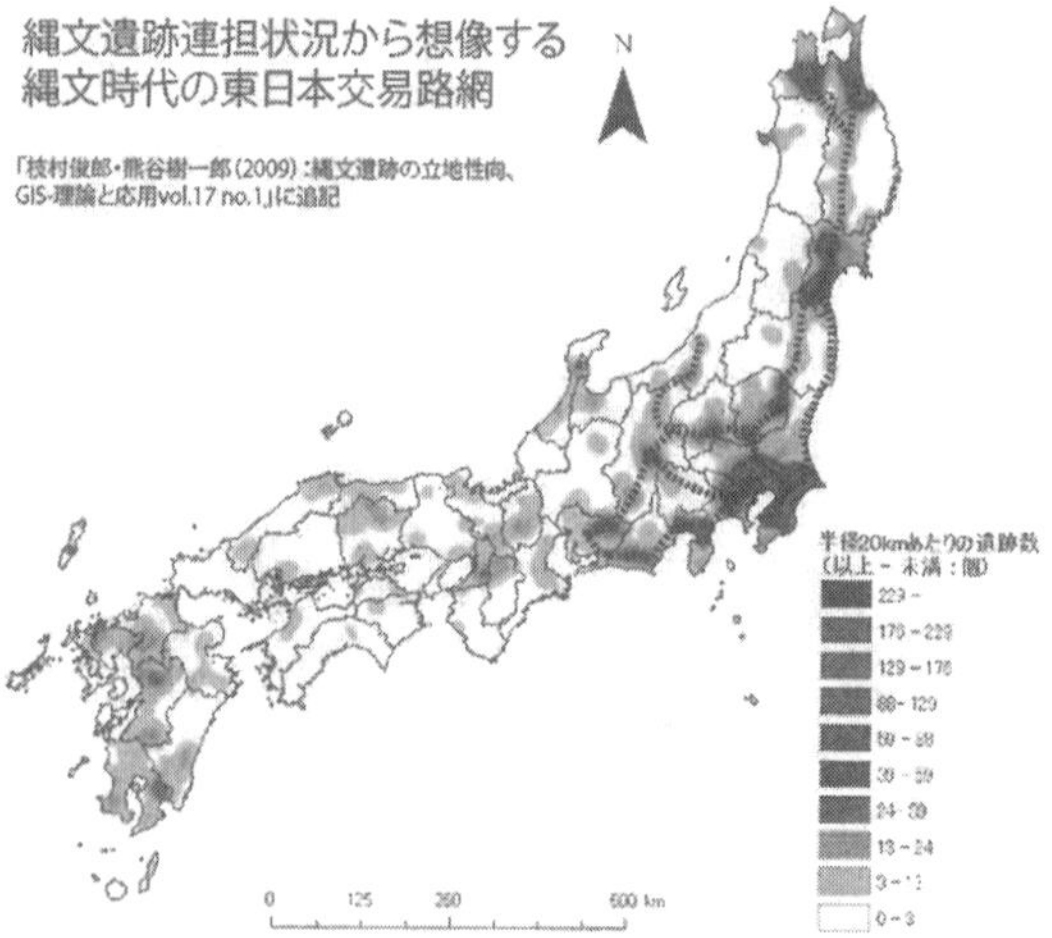

『日本神話と同化ユダヤ人』(勉誠出版)より引用

図２　縄文遺跡分布のカーネル密度による画期的表現

現在の東京、千葉（特に加曽利《かそり》貝塚のあたり）、茨城、埼玉南部は縄文遺跡の濃度が高く、このことから縄文時代は関東が日本の中心地だったと考えられます。つまり現在、日本の首都が東京にあることは、まさに縄文時代の日高見国の中心であったことと重なっているわけです。江戸を首都に定めた徳川家康も、こうした縄文時代を意識していたのかもしれません。

　土器が盛んだったのもこの地域で、「日高見国」といわれる地方が特にみごとな縄文土器を生み出しています。縄文遺跡の分布を見ると、中部、関東地方から青森の東北地方にかけて圧倒的に縄文遺跡が多いことがわかります（図1）。これらの地域こそ、これまで私がさまざまな著書で述べているように、日高見国の地域であると考えられ、まさに縄文土器や土偶が造られていたのです。

縄文土器研究で最も重要な地域は、関東、甲信越地方だということは常識となっており、土器研究も関東から始まっています。すでに戦前の考古学の成果が「土器編年表」（一九三七年）で示されていますが、早期（一万一五〇〇年～七〇〇〇年前）から晩期（三二〇〇年～二四〇〇年前）まであらゆる時期の土偶が造られているのは関東だけなのです。それだけ一貫した文化を維持する共同体があったと想定できますが、このことは歴史的に強く認識されていませんでした。

日本でも最も古い撚糸文《ねんしもん》土器は南関東に多く、東京湾を縁取るように分布しています。つまり、太平洋に面している海岸地帯に、この最初の縄文土器が存在しているのです。それは大陸からやってきた人々ではなく、フィリピン、ミクロネシア、小笠原、そして伊豆諸島などを経て南からやってきた人々、つまり海からやってきた人がここに住み着いたと考えられるでしょう。ただし、伊豆諸島には南方文化の痕跡があまりなく、この縄文文化が日本列島、特に東にやってきて初めて成り立ったということが推察されます。

伊豆諸島の発掘調査が行われた際、関東およびその周辺が、日本列島においては大陸から最も遠い文化であることも推察されました。つまり、先行して造られていた関東地方の縄文土器は、大陸文化の影響が最も伝わりにくかったということになります。そう考えると、おそらく直接関東地方、つまり日高見国＝太陽が昇る国にやってきた人々がいたということでしょう。

◉日高見国・関東における縄文土器の変遷

最初の縄文土器である撚糸文土器は関東地方で造られた土器ですが、口縁が平らで底が丸いか尖っているものが多く、東北の貝殻文、沈線文《ちんせんもん》系土器などと同様に水を入れて煮沸するのに適しています。表面は撚糸文だけではなく、縄文も見られます。

こうした、糸、紐、縄を土器づくりの最初期に用いていることから、これらの縄などには意味があると思われます。内部のものを聖化し、その永続性を信じ、肯定していたのでしょう。そう考えると、土器の内部に入れた物質は水だと推察できます。地面を掘って立てて使うにせよ、縦長の土器は調理には向きませんし、持ち運びも難しいからです。

この縄文時代早期の撚糸文土器は単純な深鉢一辺倒でしたが、八〇〇〇年前頃から条《じょう》痕《こん》文《もん》系土器といわれる土器形式が始まると、胎土に植物繊維を混ぜ、段や突起物をつけたり屈曲したりなどの変化があらわれ、さらに底の形も突底から平底へと変わっていきます。

文様も、条痕文を下地にして胴の上半分に特に施されていきます。その次の羽《う》状《じょう》縄《じょう》文系土器群へと移行するなかで、こうした傾向は行きつ戻りつするものの変化しながら続いています。

しかし羽状縄文系土器になると、鳥の羽に似た形がつけられ始め、ある意味、土器の造形化が始まります。造形化とは、実用性を超え、美的な創造が意図されてきたということです。この前期から、関東の土器の美的特徴が明らかになり、この地方が造形上の進化を押し進めていったことがわかります。深鉢の底が平底となり安定するとともに、文様も羽状縄文となって土器全体につけられるようになり、そして竹《ちっ》管《かん》文《もん》という文様に変化していったのです。

さらに中期（五〇〇〇年～四〇〇〇年前）には、雲母が胎土に混ぜられてキラキラと光を

図3　阿玉台式土器（群馬県渋川市上三原田東遺跡発掘）

反射し、口縁部も変化に富んだ阿玉台式《おたまだい》（図3）と呼ばれる南関東の海浜部の土器があらわれます。

一方、平野を取り囲む山岳部では、勝坂式《かつさか》土器と呼ばれる隆起性に富んだ土器群が制作されます。厚手のつくりで、口縁部の装飾性がいっそう強くなり、バラエティに富んだ表現になっていきます。

◉土器が示す、先進的な創造性をもっていた日本の文化

先述したように、土器づくりは縄文という紐で土器を包み、内部の水を聖化するという考えから始まりましたが、その装飾の度合いによって次第に抽象化が進んでいきます。縄紐で包むという聖なる行為は、装飾化の度合いをさらに進めたのです。のちに関東周辺の甲信越地方の土器装飾で明確になる水のモチーフというところまではまだ進んではいませ

んでしたが、すでに関東では勝坂式土器の様式によって、その造形的独創性がさらに進んでいったのです。

加曽利E式（図4）と呼ばれる土器は、ゆるやかに流れる関東の河川の扇状地形のなかから生まれています。このような土器の生成においても、関東の河川地域で人々が生活していたことから渦が描かれ、水流の文様化が見られるようになり、土器を信仰の一つの中心にしていたことが想定できます。まさにこの土器が出てくる場所が、日本でいちばん縄文遺跡が多い、つまり人口が多かったところなのです。

図4　加曽利E式土器（千葉県千葉市加曽利貝塚）

考古学者・井口直司氏の『縄文土器ガイドブック』（新泉社）によれば、縄文中期から系統的に変化してきた関東地方の土器群が、加曽利E式からより洗練されていった加曽利B式によって体系づけられ、類似性のある土器群の広域分布圏を日本列島に成立させることで、晩期土器群の基礎をつくったといえるそうです。

いずれにせよ、関東において縄文早期から縄文晩期まで一貫して土器が造られ続け、先進的な創造性によって文化をつくっていたことがわかります。縄文時代、つまり日高見国の時代の中心的存在が関東だったのです。

◉縄文土偶、土器とはなんだったのか

縄文時代、関東で土器づくりが盛んでしたが、土器において、より芸術的で、その創造的モチベーションがわかる文化は、新潟の信濃川周辺、甲信越地方から生まれた「火焔《かえん》土器」といってもいいでしょう。火焔土器以降の土器文化こそ、日本文化の高さを感じさせるからです。

この火焔土器の命名はまだ確定せず、前出の『縄文土器ガイドブック』には「縄文中期の甲信越地方はもっとも不可思議で隆起性に富んだ装飾文様を発達させ、縄文土器の象徴ともいうべき独自の土器群を輩出する」と書かれています。これまでの研究は、この「不可思議な」形態の分類とその分布について行われていたのみでした。より根本的な問題と

して、縄文土偶、土器の「不可思議さ」ははたして何を意味しているのかという根本的な問題が残されていたのです。

その意味でいえば、縄文時代といわれる時代はまだ底に沈んでいるようです。「沈んでいる」というのは、この意味の問題、信仰形態が不明なため、この土偶や土器の生活のなかでの位置づけがされていないということです。

たしかに、考古学者だけではなく、いまやさまざまな角度から土器や土偶が論じられるようになりました。縄文中期を中心に、美術史の分野としての土器、土偶の検討もされなければいけません。その先駆者が画家の岡本太郎氏です。彼は、「土器には三次元の彫刻を超えた精神的なものが表現されている」といい、「四次元との対話」が生まれたと述べています（岡本太郎「縄文土器論　四次元と対話」、『みずゑ』一九五二年二月号）。

しかし肝心なのは、いったいその「四次元」の世界とは何かということでしょう。その素材と一体となっている形は「火焔」とされていますが、はたしてそうでしょうか。その「火焔」は縄文人にとって、どのような意味をもっているのか――美術史では、実用性以上にそこに「美」が宿っていると感じるとき、そこに意味を探索します。

もちろん考古学会でも、発見物をどのように解釈するかに取り組んでいます。山内清男《すがお》氏、小林行雄氏、小林達雄氏などの先学者も「縄文土器を読む」作業を行ってきました。美学・美術史的な方法論を取り入れて様式や形式を弁別し、小林達雄氏はさらに気風、流儀、雰囲気などという言葉で形態の特徴をとらえようとしたのです。

◉縄文土偶に見られる異形性

私は、南米などの土偶像と関連させて考察した結果、縄文土偶像は当時の近親相姦から生まれる異形人像であると考えています。

文化人類学上、近親相姦の問題はレヴィ＝ストロースが指摘しているように、自然と文化の大事な分岐点であり、その存在が一つの重要さをもっているのです。それが神話などで言及されているのは稀ですが、日本の神話にはそれが明確に示されています。

『記紀』に登場するイザナギ、イザナミの兄妹婚により最初に生まれた子が「ヒルコ（水蛭子）」であったことと関連づけ、高天原時代において神々が近親相姦を行っていたことが予想できます。さらにそのことが現実の縄文・弥生時代と関連づけられ、縄文土偶の表現と対応するのです。イザナギ、イザナミのような兄妹婚が長いあいだ行われていたことは、それ以前の七代の神によって行われていた、という記述に示唆されています。

この「水蛭子」が、決して打ち捨てられた存在ではなく、それ自体、神となって敬われるのと同じように、縄文土偶も神々として畏怖され、お守りのように保持されたと考えられます。

南米などの土偶もすべて女性像ですが、ダウン症や疾患のある眼、認知症的な顔、小人や異常肥満など、異形の姿を典型的に示しているのです。遮光器土偶の眼は、眼病で両目がただれて潰れた状態が何度も模倣されることによって形式化していき、眼鏡状に戯画化されたものになったと推察されます。

しかし、形象学的、美術史的、文化人類学的な考察がこれまでなされていなかったのは残念なことです。こうした形象への考察がされなければ、文献がない考古学時代の遺物を理解できないのです。

縄文土偶の不可解な姿を、単に「精霊」の姿といっても、この時代はそうした抽象化した観念が生まれるほどの言語的観念は存在しなかったはずです。やはり即物的な存在というものから発した形が、形式化、洗練化していく過程があってこそ、土偶、土器が生まれるのです。

◉同じだった、土偶と土器の図像

ふつう、土偶と土器の図像は完全に分けられ、あたかもその二つの造形の関係がないように思われてきました。しかし、たとえば岩手県盛岡市萪内《しだない》遺跡から発掘された、縄文晩期の大型土偶頭部（二三センチ）は、身体部があれば一メートル以上もある大型像であることがわかりました。

発掘された頭部は、耳や鼻などよりより写実的なものですが隆起した眉と細くつぶった眼など、明らかに異形の人の顔をしています。その周囲には、土器と同じような縄文の模様が彫られ、縦位の無文帯《むもんたい》と、綾杉状の沈線文が交互に刻まれています（図5）。

同じ土面ですが、秋田県麻生《あそう》遺跡から出ているもの（図6）には、青森の亀ヶ岡遺跡か

図5　大型土偶頭部　縄文晩期（岩手県盛岡市萪内遺跡）

図6　土面　縄文晩期（秋田県能代市麻生遺跡）

ら出る「遮光器土偶」（図7）と同じような眼の表現があります。楕円形に横線が入る眼と、鼻と口はより形式化しています。しかし、その丸い顔のなかに三叉文《さんさもん》や雲形文などがあり、それはしばしば縄文土器で使われているものです。

　顔に注目しましたが、土偶の身体表現も、裸体ではなく、着物がすべていろいろな縄文模様で彫られています。波状や円状の形はないものの、その模様はほとんど土器同様の文様です。

　北海道著保内野《ちょぼないの》遺跡の「中空土偶」（図8）は両腕が欠損し、顔はダウン症的な眼をしています。胴は、腹部以外は刻み目をもつ隆線による円形・三角形・菱形文、区画内への羽状縄文が刻まれています。腹部には、細い隆線による正中線に加え、

図7　遮光器土偶（青森県つがる市亀ヶ岡遺跡）

図8　国宝　中空土偶（北海道函館市著保内野遺跡）

下腹部に円形状突文が無数に施されています。脚部は、六、七の紐状の隆線が縛ってあるように彫られていますが、これは着物文様というより、この異形の人物を土器と同じように縄文装飾模様で飾っているようです。
　前出の亀ヶ岡遺跡の「遮光器土偶」の身体部の模様も同様で、これまでこの土偶は渦模様の着物を着ていたと考えられてきました。しかしこれは土器同様、身体を飾る装飾模様なのです。遮光器土偶の頭頂の冠状の装飾は帽子ではなく、この土偶化された形象を飾る装飾物といっていいでしょう。つまり、土器の装飾と同じ性格のものと考えることができます。
　服装も同様だと思われます。胴部では上下に三角状の区画や蕨手文《わらびて》が施され、その間に雲形文などの磨消縄文《すりけし》が装飾されています。これは服装のそれではなく、縄文土器と同じように、この異形の人形を包む縄文の模様で、聖なるものを包む、日本の神社で見られる注連縄《しめなわ》と同じ意味だと考えてよいでしょう。

　これを同時代に造られた土器の模様と比較すると、たとえば亀ヶ岡系土器である同じ赤彩の炉型土器（図９）の模様は、土偶と同じようなモチーフを示しています。特に頭頂の冠状の突起は同型であり、土器と土偶に蔦状装飾があることがわかります。この炉型土器の前面に、二重になった小さな穴がつけられた紐状飾りがあり、その紐状がやや帯状になってやはり小さな穴がつけられており、遮光器土偶の全体につけられている帯状文となっています。

　こうした小さな穴がつけられた縄状の文としては、先ほどの北海道著保内野遺跡の土偶にもあります。また、国宝にもなった青森県の風張Ｉ遺跡の「合掌土偶」にも同型の帯状模様があり、その頭頂部に半円状突起があっ

図９　亀ヶ岡系土器である赤彩の炉型土器

て羽状縄文が見られ、赤彩も残されています。

◉縄文装飾が示す意味とは

では、日本の縄文土器や土偶は、なぜ縄文で飾られているのでしょうか。

日本では、今日でも神社の御神木は縄で結ばれています。また、神社では注連縄が飾られ、神域と現生とを隔てる結界の役割をもっています。御神木を縄で結ぶということから、人間の力が及ばない「神（八百万《やおよろず》の神）を縄で包む」という習慣が昔からあったことがうかがえます。神話と結びつけても、『日本書紀』には「取結縄葛者《とりむすびなわかずら》」（弘計天皇《をけのすめらみこと》「顕《けん》宗《そう》天皇」の条）とあり、葛の縄で取り結ぶことの重要さを述べています。

こうした後代の神社における縄と同じ役割を、縄文土器も負っていると考えられます。

縄文人にとって、撚糸文、押し型文、貝殻文、竹管文、そして火焔土器といわれる粘土紐をくねくねとさまざまな曲線模様に形づくっていく、まさに不可思議な形の表現方法は、見る人を魅了したのです。しかもそれはすべて、縄文のバラエティなのです。

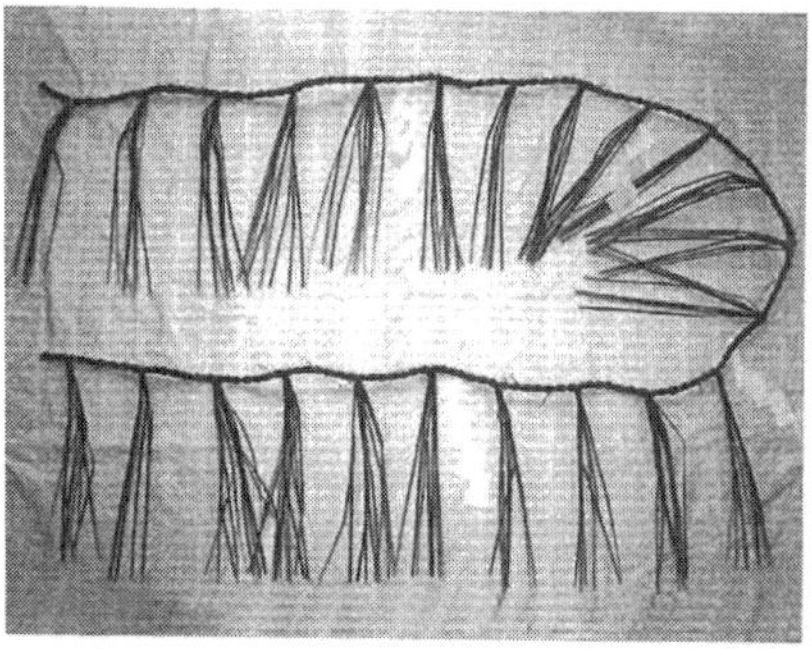

図10　新潟の注連縄ばら〆　六尺

中期の縄文土器の、口縁部にある鶏頭《けいとう》状突起、短冊状突起といわれる粘土紐による形状は、内部の水や食物を崇敬の対象としているという意味だと考えられます。

今日でも、日本人の食卓では箸置きが食物の前に、あたかも結界の象徴として並べられます。その結界の向こうの食物は聖なるものであり、神として考えられているのです。食べるとき、人々が手を合わせて拝むのは、仏教の禅宗の影響といわれますが、それはもともと、神道の八百万の神々への一つの祈りです。

これらの土器は、土器の外面に煤《すす》や焦げがついていたり、下部が熱で変色していることから、煮沸用に造られたといわれていますが、何を煮沸していたのでしょうか。私は、現在でも見られる東北の炉端を想起します。つまり、鉄瓶に水を入れ、お湯を沸かすことが原則だと考えているのです。

私が問題にする、「芸術的な」とさえいえる装飾土器は、実をいえば遺跡出土の土全体の占める割合の五パーセント以下で、それ以外は煮炊きに使われていました。

縄文時代草創期の土器は胴長で「深鉢」と呼ばれて深土鍋となっており、外側が煤で黒くなって内部が焦げついていたりします。形から予想しても、煮込んだり茹でたり、あるいはスープをつくったりするのに適しています。

それ以前は、焼いたり、日干しにしたりするだけだったと考えられますから、これは料理史上、一大革命だったと食物史の専門家・渡辺誠氏も述べています。つまり、世界最古の煮炊き用具と認定できるのです。

深さのある胴長の土鍋こそ、貝汁をつくるのに理想的な形だといわれ、縄文人が残した日本各地にある貝塚からの貝の種類は三五〇種ほどだといわれていますから、まさに貝塚があるところでこの縄文土器が実用されていたのです。

◉神秘性を縄で表現した縄文人たち

川の上流や湖などに生息するシジミは貴重な栄養源であり、貝塚は日本人の食生活の中心をあらわしています。女性や子供でも採取できますし、貝スープはほかの魚や鳥獣肉類も一緒に煮込むことができ、キノコや木の実を入れることもできます。貝による味覚革命が行われたとさえいえるでしょう。先述した渡辺誠氏の著書には、ドングリのあく抜きをしていたという説も紹介されていますが、そうした実用性もあったことでしょう。

こうした食生活で自然の恩恵を受けることで感謝の気持ちが強くなり、それが土器をして祈りの対象ともなったのではないでしょうか。土器の五パーセントを占める装飾土器はまさにそのためでしたし、中期になって祭祀用の役割を担うことになったのも自然の成り行きといってよいでしょう。

みごとな水紋模様は、水という自然崇拝のあらわれであり、内部に主として水を入れていたはずで、祈りの対象としての土器であると考えるべきでしょう。縄文土器はあくまで、人間にとって欠かせない、自然の最も大切な水を、神として崇拝するために入れる土器だったのです。

いずれにせよ、食物の調理は浅底の土器しか考えられず、そのほうが便利です。深底の土器の場合、そこに入れるものは水以外、考えられません。聖水を入れ、外部の縄文・装飾により、そこが結界であることを示そうとしたと見ることができます。

火焔土器は、食物を入れるのに適していません。口縁部の、複雑でさえあるみごとな形状は、そこに物を出し入れするもののように思われないのです。煮沸されていたものは水類しか考えられない形状のものが多く、初期の円筒状や丸底の土器はそうであっても、平底で複雑な形状の口縁部がある火焔土器は、食物を調理するのは不可能というべきでしょう。

いずれにせよ、仮説として縄文土器は水を神と仰ぐこの時代の人々の心情をあらわしているのです。

粘土の紐状細工の複雑さ、造形の面白さは、世界のあらゆる粘土造形のなかでも飛び抜けて抽象性、美術性を具《そな》えています。これはあたかも自然の渦、炎、蛇などの神秘性を感じさせますが、しかしそれが縄、紐を粘土で形状化したものである限り、縄紐の神秘性の追求として考えるべきでしょう。土器の中にある水を、あくまで自然の賜物として仰ぐ精神のあらわれということができるのです。

それはちょうど、土偶が女性の異形を崇め、神像としてとらえたのと同じように、紐状、縄状、撚り糸文、押し型文などさまざまな装飾でかたどって、神や神秘領域を包み、結ぼうとする精神のあらわれでしょう。

◉火焔土器の本当の正体は水紋土器だった

関東を取り囲む各地は、東北と並んで縄文土器がたいへん多い場所です。山麓地帯ですが、無数の河川群がその山麓を刻み、河岸段丘と扇状地が形成されて高低差のある変化に富んだ風土は、造形性を生み出す格好の土地といえるでしょう。

関東地方と同様に、縄文草創期から前期、後期と続けて連続的に土器が創造されており、これらの地域が縄文模様をさらに変化に富んだものとする地域となっています。

それを証拠だてるような縄文土器の代表といわれるのが、「火焔土器」です。隆起性に富んだ独自の土器群を生んでいるこの地方ですが、特に信濃川流域を主に、新潟県域の縄文遺跡から馬高《うまたか》式土器が発見されています。

まさに土器は縄文文化の形象表現の代表的表現ですが、ある意味、その象徴的表現の頂

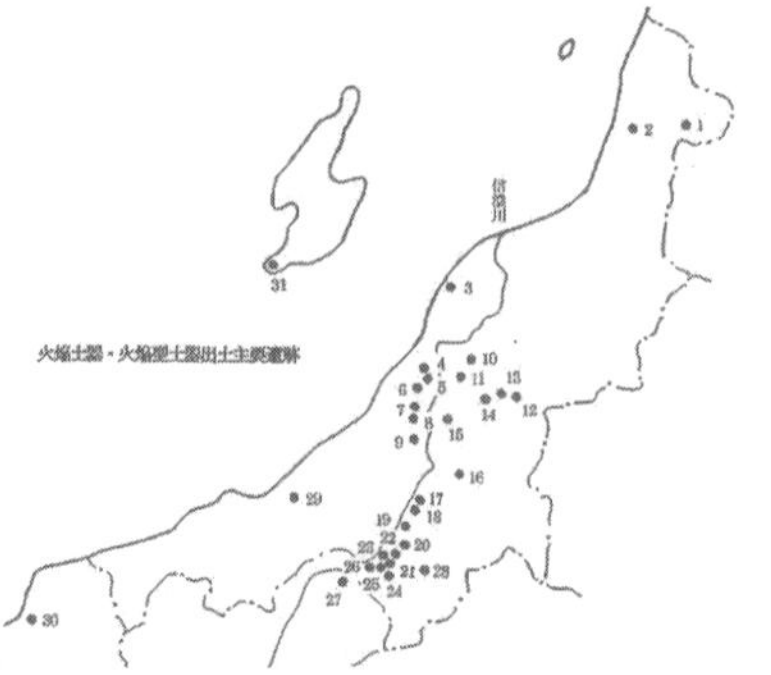

『日本神話と同化ユダヤ人』（勉誠出版）より引用

図11　信濃川流域水紋土器出土主要遺跡

点といえる馬高式土器は、いったいどのような意図で生まれたのでしょうか。

どう使われたかはわからないものの、土器であるからには実用性という問題がついてまわります。研究者も「ともかくなんらかの方法でこうした装飾土器を現実に使用していただろう」と考えてきました。しかし、この「火焔土器」は実用性を超え、土器自体が表現目的としていることが明確でしょう。

そう考えると、火焔土器の口縁部を中心とした隆帯装飾の意味を「火焔」と読んだことを、検討しなければなりません。この形の土器が出土されたのは、昭和一一年（一九三六）の近藤篤三郎《とくさぶろう》氏（火焔土器の第一発見者）らの調査によるもので、「火焔土器」という命名も氏によるといわれています。たしかに、燃えている炎を想起させるかもしれませんが、一つひとつの部分を見ていくと、必ずしもそうとはいえません。

「火焔土器」といわれる土器群が、信濃川流域からだけ発見されていることは、注目すべきことです。というのも、信濃川という河川は、まさに水の流れが見えるほどの急流だからです。たしかに、火焔土器は富山、長野、山形などからも見出されていますが、そのほとんどが新潟県内、特に信濃川上・中流域（津南町、十日町市、長岡市）で集中的に出土しているのです。ですから、この信濃川に、火焔土器の形象表現のモチベーションが関係していると考えられるでしょう。つまり、河川の水の流れをあらわしているのです。

◉似ているが異なるものである炎と水流

多くの火焔土器を「火焔土器」と認識する原因は、炎のように上に突出する、鶏頭冠と呼ばれている突起にあります。この突起が、「火焔」という名称のもととなった炎といわれています。しかし、「鶏頭冠」といわれるように、動物をデフォルメしているといわれており、形象学的には火焔という形とは思われません。口縁部に四個向き合って大きく立ち上がるようにつけられている典型的な文様も、これを中心に四区分されていますが、い

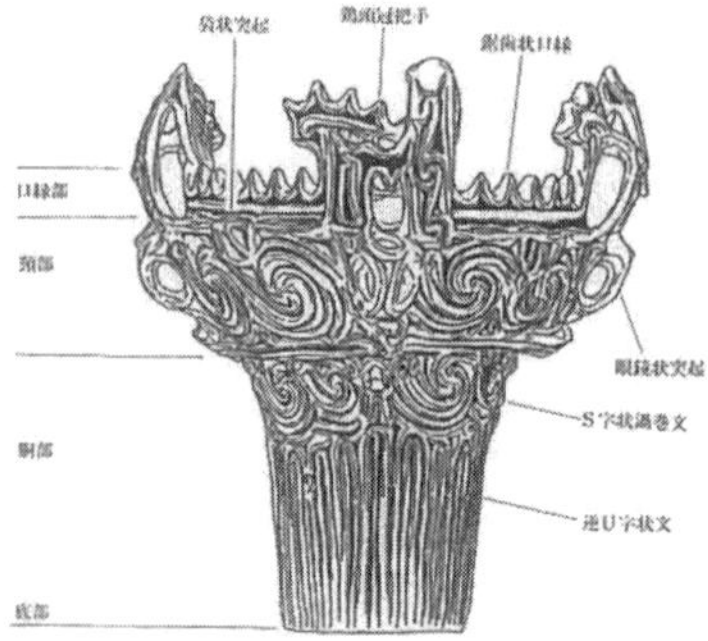

『日本神話と同化ユダヤ人』(勉誠出版)より引用
図13　図12の説明

図12　国宝　火焔型土器
(新潟県十日町市笹山遺跡)

ずれもまるで小さな波が立ち上がるように見えます。

口縁部にある鋸歯状突起や頸部等につけられるトンボ眼鏡状突起も、そうした前提で見ると、さざ波のように見えますし、立ち上がる渦のようにも見えるのです。

仮にこの土器が、強い火で焼かれ、また普段、炉にくべられて煮炊きに使われていた場合、火で焼かれる、火にくべられる土器を火焔状にしようとするでしょうか。火焔とは異なる形状であるとき、神秘性は削がれてしまいますし、異質の自然の崇拝物であるほうが自然ではないでしょうか。

火焔土器が火焔らしいのは、口縁部の突起物として上に上がっていく炎です。しかし、この特徴は馬高式土器だけに顕著で、唐草文系や加曽利式、井戸尻式などでは平らなものが多く、火焔とはいえないのです。

この国宝の「火焔土器」は、この地方で見られる同種の土器の一つで形がよく整っていますが、「火焔」がその縄状の表現によって写実性に裏打ちされているようには見えません。近藤篤三郎氏も、形状を一つひとつ、自然の具体的な動きを想定しながら（つまり比較しながら）同種の土器を検討しなかったと思われ、信濃川周辺で造られた土器であることを意識して、もっと水の流れに注目すべきだったのではないでしょうか。

当の土器が、口縁部や頸部に数種類の突起をつけ、渦巻き文様や、S字状文に代表される曲線文様が器面全体を覆い尽くしていること、また、粘土紐の貼り付けを原則とする隆帯や半截竹管文《はんさいちっかん》で削りだした隆線によって施文されていることに注目すべきです。

さらに、特に注目すべきなのは、その器面においては曲線が明らかに波と渦状であることです。頸部は、その隆帯が渦巻きをつくり、眼鏡状突起とされる部分も、激しい波が円をつくったと思われます。胴部の上部も、渦を同じように描いています。

頸部や胴部の上部が明らかに波をあらわしているとすれば、四つの鶏頭冠はあたかもせりあがった波のように見えますし、その間の鋸歯状口縁も、幾重の波頭が並んでいるように見えます。また、胴部下の逆U字状文と名づけられた縦の隆線模様は、あたかも垂直に落ちる滝のようにも見えます。

◉土器も土偶も抽象ではなく写実

線刻であれ浮彫りであれ、ほかの文明の絵画表現では人間像も動物像も、写実を基本とした具体的な形を表現していることは知られています。アフリカ、ヨーロッパ、メソポタミアの洞窟壁画、岩壁画はみんなそうです。

たしかに、日本の縄文時代末期にあたる殷《いん》の銅器の饕餮《とうてつ》文は、その形象が具体的な動物文様ではありません（饕餮とは、中国神話の怪物で、体は牛か羊で、曲がった角、虎の牙、人の顔と爪をもつといわれている）。しかし、一貫した図像単位として多くの器に共通して彫られていることから、当時の人々の形象単語として成立していたことがわかります。

この時代の人々が、日本人だけ例外的に何を表現しているか学者が断念するほどの抽象化や観念化する能力をもっていたのでしょうか。私は、土偶は異形で生まれたものの偶像化であると分析しましたが、この縄文土器も何かの偶像化で、それが火焔なのか水流なのかを議論すべきでしょう。

　最初は具体的な両眼のただれをあらわしたのが、遮光器土偶の眼鏡のような図案化、形象化が行われ、原形がわからなくなる、ということはよく起きます。「縄文のヴィーナス」や「ハート形ヴィーナス」土偶がそれです。これはもともとの形が自立して様式発展し、原形がなんであったのかわからなくなっていくという、形象の自立化、抽象化に通じるのです。

　絵画史でいえば、極度に技巧的・作為的な芸術様式である「マニエリスム化」といってよいでしょう。たしかに縄文土器の装飾模様を見ると、多くがその形そのものの具体性が見えなくなっています。

　ここではさらに、水の波の東西の表現と、縄文土器の装飾模様とを比べることで、その類似性と相違を示してみます。

◉同じ表現をしている北斎とレオナルド・ダ・ヴィンチ

まず東西の相違ですが、西洋が後代の進んだ「面上」の絵画的表現を線で行うのと異なり、東洋は粘土紐で行うという違いがあります。線と粘土紐の違いはあれ、水流を表現しているのです。図14は、レオナルド・ダ・ヴィンチの水のデッサンからとられたものです。「国も時代も異なるだろう」といってこの比較を疑問視する人もいるかもしれませんが、水はいつの時代にも同じように流れていたのです。

形象の類似はあくまで類似であり、時代を超えても変わりません。古今東西、海、川、泉の水は絶えず流動するものであり、表現方法の比較は形象学の原則です。渦巻く水流の表現は、レオナルドがいかにこまかな水の動きの観察者であったかがわかります。

丸い渦の描き方ばかりか、画面右の水路から縦に流れ出る滝の姿は、土器の胴部の垂直に粘土紐で描かれる形の元を示しているように見えます。縄文土器の装飾の作者は、レオナルドと同様の水の観察者であり、それを図案化する能力をもっていたと思われます。

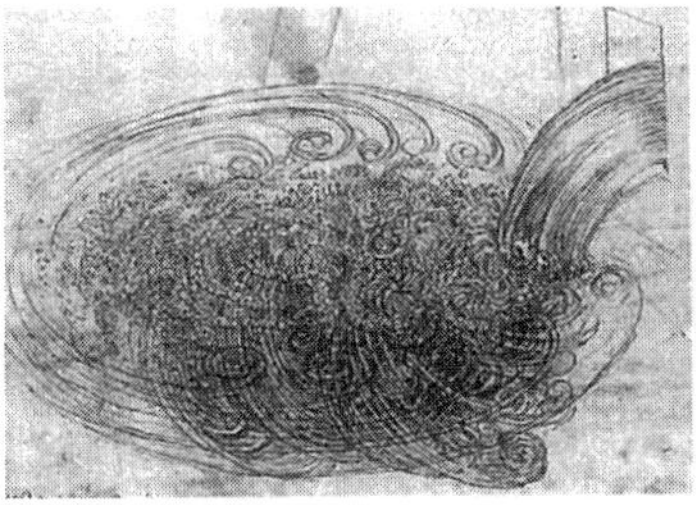

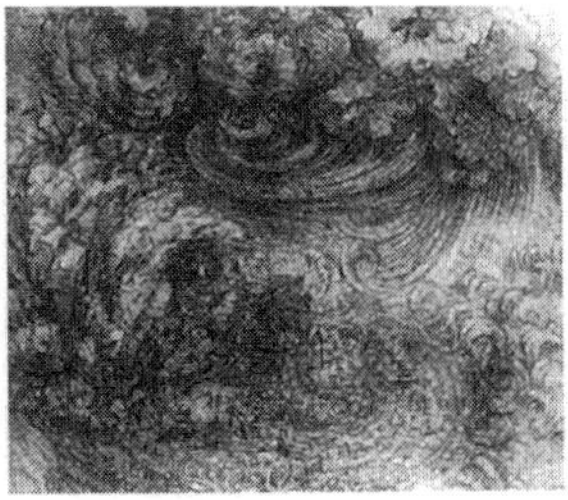

図14（左）、図15（右）、レオナルド・ダ・ヴィンチ水流と洪水のデッサン（ウィンザー城王立美術コレクション）

図15は大洪水の図ですが、ここでは洪水が巨大な渦となって荒れ狂う様子が、じかに粘土紐で描かれているように見えます。また、下のほうには暴風雨によって岩石が崩壊し、全体が渦となって激動していくさまがわかります。

レオナルドは、こうした大洪水の図を十数点も描いていますが、これは『旧約聖書』のノアの大洪水の場面で、一五〇〇年という千年王国の神の審判をこのようなデッサンで描いたのです。この洪水と暴風が重なった動勢が、縄文土器の動勢に似ているのも一考を要するでしょう。

というのも、信濃川はたびたび氾濫していますし、土器の制作者たちも洪水のことを熟知していたにちがいないからです。単なる水流ではなく、河岸を越えて濁流が流れ込み、しぶきをあげるさまを、自然の神的な仕業として表現したいと考えたのではないでしょうか。

ところで、日本の水流表現では、世界的にも葛飾北斎のそれがレオナルドと並んで有名です（図16、17）。特に「富嶽三十六景」の「神奈川沖浪裏」の大きな波の図は世界的に有名ですが、五〇〇〇年前に同じ風土に住んでいた人々の水流の表現も、（粘土紐で表現されているため形式的に見られるにせよ）観察眼は同じです。

北斎のような、同じ日本の風土に生きた江戸の巨匠の水流の表現とレオナルドの表現は異なっているとは思えません。波においては、北斎の師匠といわれる波の伊八の浮彫り表現も参考になります（図18）。縄文土器にある縦の波模様は、あたかも北斎の滝の図（図19）のように、垂直に落ちる水流をあらわしているように見えるのです。

◉神格化されていた水

私たちは、土器の原型を探ることで縄文人たちの意図を読み取らなければなりません。水流から出発した縄文土器の装飾の変遷過程は、図20の写真のように多くの土器を見ればわかります。中央にあるのが国宝となった「火焔土器」ですが、私の分析では唯一のオ

図16　「阿波の鳴戸」（『北斎漫画』）

図17　「海上の不二」（『富嶽百景』）

図18　波の伊八の浮彫り表現

図19　「木曾路ノ奥 阿彌陀ヶ瀧」（『諸国瀧巡り』）

図20　国宝　笹山遺跡出土土器群（青森県つがる市）　水流渦模様のバラエティ

リジナルの「水紋土器」といっていいでしょう。

形象は、それがほかの作者によって繰り返されることによって、その迫力ある写実性が失われていき、抽象的な発展形態をとっていくということは前に述べました。渦巻きが残されたり、曲線模様が円を描いているなかで、その元が水であったことは予想できますが、作家自身もそれを忘れていくのです。

縄文土偶にも顕著にみられることは、美術史では様式として「マニエリスム」と呼び、華麗ですが表現が形式的になりがちです。新潟、信濃川流域以外の形態が、形態自身の自己発展を遂げ、その起源をわからなくしているのです。

しかし、縄文の人々はなぜ水紋を表現したのでしょうか。水なしには生きられないという、人間の体から発し、水そのものへの信仰を形にしたと思われます。縄文が、土器の内なる自然信仰の対象を包むことによって、神社の正面を飾る注連縄のような役割を演じるのです。内に水という神々がいるというわけです。

図21　出雲大社　注連縄

ここで、日本の神話をたどってみましょう。『日本書紀』には、水神としてミツハノメ（罔象女）という女神が登場します。『日本書紀』神代上（第五段一書第二、第三）に、火神を生んでイザナミが焼け死ぬ際に、水神のミツハノメと土の神のハニヤマヒメ（埴山姫）を生んだと書かれています。『古事記』では、ミヅハノメノカミ（弥都波能売神）と記されています。

この水神だけではなく、オカミノカミ（龗神）とタカオカミノカミ（高龗神）がおり、『古事記』でイザナギノミコトがカグツチノカミを斬って生じた三柱の神のうちの一柱が「高龗神」です。この高龗神とは、一つは祈雨・止雨の神です。つまり、水紋土器は単純に水の神ではなく、雨の神を祀る意味があることも十分考えられるのです。

一方で、「高龗神」はクラオカミノカミ（闇淤加美神）ともいわれています。闇は谷あいの意味で、淤加美はその神のことでしょう。古来、雨を司る龍神でもあります。高は闇（谷）に対して山峰を指しています。オカミ（龗）は龍神で、雨を司る意味で、タカオカミ（高龗神）はまさに谷川の龍を意味していることになります。

また、クラミツハノカミ（闇御津羽神）は、谷の水の神を指しています。日本の水の神が、谷の神をあらわすことが多いとなると、まさに信濃川周辺の谷の水の流れが、縄文土器のモチーフになってもおかしくないことになります。

私は、高天原時代の神々が、縄文・弥生時代の神々と重なっているはずだと著書で述べてきましたが、その時代の新潟県地方は、日高見国の一地方として、信濃川の水、魚を糧にして生きていた人々の創造的表現が水紋土器に至ったのではないかと考えています。

たしかに、オカミ（龗）が龍神だとすると、縄文土器の激しい水流文は龍神を思わせるところがあります。ただ、中国の大河の河神である龍のような暴虐性を感じさせるものではありません。日本の水流は、たとえ洪水があろうと、それはあくまで激しい水流により生じた形象のうねりであり、決して中国の龍の恐ろしさというわけではありません。

『記紀』の著者たちが、オカミという言葉を漢字に当てはめるとき、龗などという難しい文字を選んだのは、そのとき日本にない意味合いを入れざるをえなかったからでしょう。

◉華麗な水紋土器は大自然の川から生まれた

日本の水流といえば、『記紀』には信濃川の記述はありませんが、同じ東国の『常陸国風土記』には、まず《天地の初め、草も木も言葉を語ったころに、天より降り来った神があった。名は普都の大神といひ、葦原の中津の国を巡行し、山川の荒ぶる神を和めた》（口語訳）とあります。

この草も木も「言葉を語っていた」という言葉が、言葉という文字が葉をつけていることの起源を語っているようで面白いです。草も木も言葉を語った、つまり人間と草木のあいだに対等なコミュニケーションがあったということであり、葉のように落ちてしまい、その場限りのものであったことを示しています。

その時代に「山川の荒ぶる神たち」がおり、それを「和める」ために布都《ふつ》（普都）の神が降り立ったといいますが、その「和める」姿として河川の描写があります。諺の「水《みず》泳《くぐる》茨城の国」といわれる茨城郡の記述に、

《郡の西南を流れる信筑の川は、筑波の山に水源を発し、郡内をめぐって、東の高浜の海に注いでゐる。（略）この地は、花香る春に、また落葉散る秋に、乗り物を走らせ、舟を漕いで出かける。春には浦の花が千々に彩り、秋には騎士の紅葉が百々に色づく。……夏には……浜辺で海を眺めて過ごす。波を蹴立てて寄せる風に、暑さや気怠さを忘れ、……。歌われる歌は、高浜に　来寄する浪の　沖つ浪　寄するとも寄らじ　子らにし寄らば》

とあります。

最後の歌は、もちろん恋愛歌ですが、浜に沖から寄せ来る波の観察から始まっています。ここでは海の波ですが、それが谷川の流れでも、人々は熱く語りかけるような言葉を得たことでしょう。新潟の水紋土器は、まさにその形象化ではないでしょうか。

たしかに、富山、長野、山形、群馬などでも、水波を感じさせる土器、つまりこれまで火焔土器と称される土器が見出されていますが、しかし明らかに水紋だと思わせるものは、信濃川上・中流域（津南町、十日町市、長岡市）に集中的に出土しています。原型の水紋土器を造って、それが型として周囲の職人が誇張したり、より変化をつけたり、最後はその様式として図案化していく過程が見出せるようです。

信濃川から千曲川に変わって、長野県の各地方の土器装飾を形づくっていくように見えます。これがほとんど同時期と思われるのは、それだけ伝播が早かったからでしょう。この装飾土器が流布するにつれ、煮炊きのための土器も祭器にとって代わり、豪華なものになっていったと思われます。内面に炭化物が付着した例もあるように、多様に使われたのでしょう。

遺跡出土の土器全体に占める水紋土器の割合は、五パーセント以下であり、日常性を超えた祭祀用の役割があったのです。華麗な水紋土器は、祭事に水の神として祀られたと考えられるのです。

第二章

縄文土偶の形象学《フォルモロジー》
土偶は異形人像である

1　世界で最も美しい土偶

◉世界的に認められる日本の土偶の美しさ

　世界の土偶を調べていて気づくことは、最も美しい土偶が日本で造られていた、ということです。同じ先史時代の「ヴィーナス」といわれている土偶のなかでも、日本の「縄文のヴィーナス」（図22　長野県棚畑《たなばたけ》遺跡）が最も美しいでしょう。同じ肥満の女性像でありながら最も洗練され、美的に造形されているのです。

　また、幾何学的に単純化された土偶で「ハート形土偶」（図23　群馬県郷原遺跡）は最も均整がとれていますし、有名な青森県亀ヶ岡遺跡のいわれる「遮光器土偶」（図24）は、最も神秘性をもっています。

これは歴史家として東西の美術を見てきた者として断言できますし、私だけが述べているのではなく、最近の西洋の文化史の書籍にも記述されていることです。それは、日本という地域で生きていた人々が、縄文の古代から、ある強い美意識をもっていた証拠といってよいでしょう。

ところが、水紋土器でも考察したように、日本の土偶があまりにも写実性から離れ、抽象性、芸術性をもっていたために、元はどのような姿であったかという疑問がなかなか解かれませんでした。なんのために、どうして造られたのか、なかなか突き止められなかったのです。

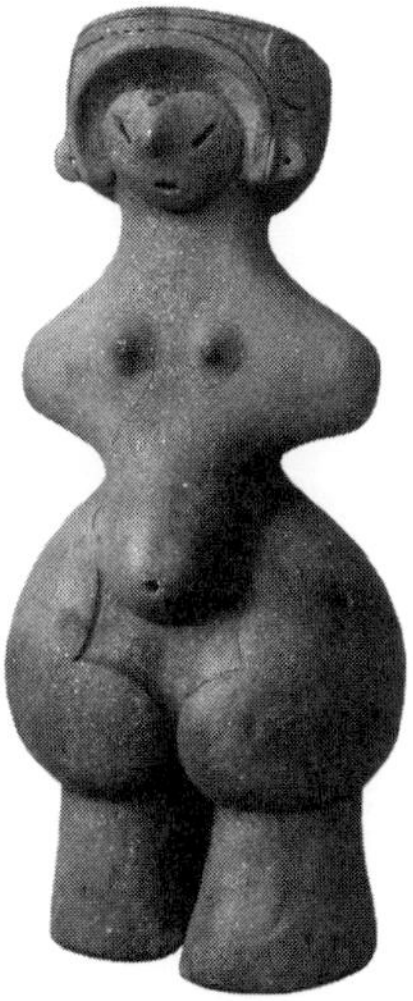

図22　国宝　縄文のヴィーナス（長野県茅野市棚畑遺跡）

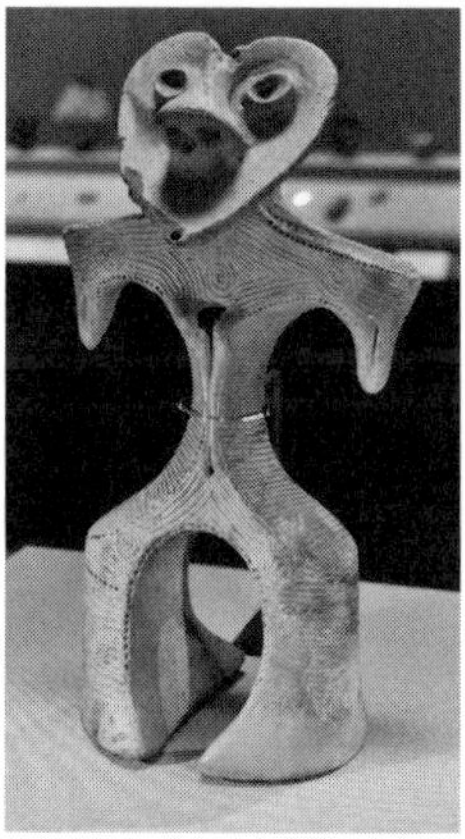

図23　ハート形土偶（群馬県東吾妻町郷原遺跡）

図24　遮光器土偶（青森県つがる市亀ヶ岡遺跡）

私の専門は美術史であって、考古学者でも文化人類学者でもありません。ですから、縄文の土偶を調査したり発掘したりするタイプの考察をしません。美術史家として対象を見るときに、「形象」を正直に正確に見て考察します。これは、形象の特色をまず取り上げ、部分をいろいろ比較し、解釈していくという「フォルモロジー」の立場に立つもので、その解釈から歴史そのものの見方を変えてゆこうとする歴史考察者です。

つまり、発掘品の整理に追われたり、神話や理論のような言語的な概念から歴史的な対象を見るのではなく、「形象」を先入観なく観察し、そこから造形の秘密を解き明かそうとするわけです。これは誤謬《ごびゅう》を犯してきた歴史観や文化認識を正すことにもなるでしょう。

◉「古代の信仰をあらわしている」という縄文土偶の先入観

これまで、縄文の土偶について、その姿の意味、つまり創作目的や用途については古くからさまざまな説がありましたが、いまだに結論は出されていません。縄文の土偶は、人をかたどった遺物で、乳房や腹部を誇張したものが多く見られることから、女性を表現したもの、生産の象徴として解釈され、地母神崇拝と関連づけて考えられてきました。

縄文中期以降には、顔、手、腹、足など具象的表現が見られ、祈りあるいは子供を抱いた様子をあらわすものもありました。これらは、日常生活の一端が示されているように見え、当時の縄文人の生活をうかがううえで重要だといわれてきました（藤沼邦彦『歴史発掘3　縄文の土偶』講談社など）。

まず、土偶は日本でも北海道から九州にいたるまで広い範囲で見られ、早期（一万一五〇〇年～七〇〇〇年前）、前期（七〇〇〇年～五五〇〇年）、中期（五五〇〇年～四四〇〇年前）、後期（四四〇〇年～三二〇〇年前）、晩期（三二〇〇年～二四〇〇年前）に分けることができ

図25　ネコ顔といわれる土偶（山梨県笛吹市上黒駒遺跡）

図26　みみずく土偶（茨城県東海村御所内遺跡）

ます。

早期は形状的には板状で、大きさも五センチ前後と小さく、顔、足が見られず、女性としての特徴を示す乳房、しまった腹部、腰部のみが強調されています。前期は肩、腰部までの胴だけのものが多く、写実性に欠けますが、中期以降はその姿は写実的になっていき、各地で出土例も多くなっていきます。五体をあらわす土偶が多くなり、形も板状、円錐状、立体形などが見られます。有名な「縄文のヴィーナス」や、「ネコ顔といわれる土偶」（図25　山梨県上黒駒遺跡）もこの時期に属します。

後期になると、北海道から九州にいたるまで日本全域にわたって発見され、「ハート形土偶」（図23　群馬県郷原遺跡）や、「みみずく土偶」（図26　茨城県御所内遺跡）など特異なものが多くなります。装飾の多いいわゆる「みみずく土偶」は、関東で多く造られていま す。

晩期になると、いわゆる遮光器土偶が出現します。青森県亀ヶ岡から出土した土偶を皮切りに、異常とも思えるほど大きく表現された眼、王冠状に束ねられた髪型、渦巻状の装飾が施された着衣など、その特異な姿形が土偶に対する関心を深めました。

そして人類学者の坪井正五郎氏の命名した「遮光器」という名が、同じく人類学者の鳥居龍蔵氏などの賛同を得ることによって、土偶の解釈に大きな影響を与えたといってよいでしょう。遮光器土偶以外にも、晩期には容器形土偶などもできますが、弥生時代になってすべて消滅していきます。

土偶制作は縄文時代の日本に限らず、ユーラシア、アメリカにおいても裸体の女性像をはじめ、立像、座像などさまざまなものが造られています。これらの土偶も日本のものと同じように、精霊信仰とか地母神崇拝といわれていますが、その形象が何を意味するのか明確ではなく、これまで「小児の玩弄物《がんろうぶつ》」「神像」「装飾品」「護符」「女神信仰」「呪物」「祭式」などの説があげられています。

しかし、これらのどの説も、土偶がどのような意味をもって使われたかは説明されていません。それは、古代人が特別の信仰をもっており、それがこの特殊な形を生んだのだと考える固定観念があるからでしょう。

◉土偶を「形象学」的に検討する

固定観念を捨て、土偶の形象をありのまま見ることから私は始めています。まずすべての土偶に共通することは、顔の目鼻立ちが普通ではなく、いずれも手足が短く小さくなっていることです。つまり、体のつくりが正常な人間には見えないのです。

すると、この形態異常はこれらが異形人を表現したという以外には考えられず、その異常性を素直に指摘するほかありません。そのときは、医学の知識を借りる必要があるでしょう（眼病については東北大学病院の玉井信教授の助言をいただいた）。

こうした土偶の姿は日本だけではなく、世界の先史時代の土偶に共通するものだと考えられますが、世界の土偶も女性の妊娠・出産を祈念するものであるとか、豊穣を祈願するものであるという見解しかなく、肥満の女性をかたどるものが多くない日本の縄文土偶の意義を確認することができないのです。

また、生物学的にいっても、縄文人が特殊な姿形をしていたわけではないとなると、これをそのままの姿の「形象」として認識する以外にはないでしょう。

では、形が具体的になる中期の土偶から観察してみます。青森県の三内丸山《さんないまるやま》から出土した「十字形土偶」（図27）といわれる高さ三二・八センチの土偶の顔を見ると、眼が縁取られ、そこに縞状の線がつけられています。

これは、以後の縄文土偶の一つの特徴となる隈取《くまど》りです。これだけでは何をあらわしているか述べることはできませんが、開いた口を見てうかがい知れることは認知症的な顔です。この顔はほとんどすべての三内丸山の土偶にうかがわれるもので、頭部だけの土偶は口を丸く開け、小さな眼が隈取られてダウン症を示しているように観察できます。ダウン症とは、成長・発達の障害で、先天性の心疾患を伴うことが多い病気です。

三内丸山だけではなく、すでに知られている中期の土偶で「円錐形の土偶」（図28　山梨県鋳物師屋遺跡）がありますが、これはその傾向をさらに明確にしています。このよう

図27　十字形土偶（青森県青森市三内丸山遺跡）

図28　円錐形の土偶（山梨県南アルプス市鋳物師屋遺跡）

図29　国宝　合掌土偶（青森県八戸市風張Ⅰ遺跡）

な顔のあり方は、後期の「合掌土偶」（図29　高さ二〇・〇七センチ、青森県風張Ⅰ遺跡）にも見られ、さらに後期後半にも国宝の「中空土偶」（高さ四一・五センチ、北海道著保内野遺跡）など、この症状を感じさせるつくりで制作されています。

このような、ダウン症とも思われる眼と口の土偶が中期から一貫してあるのを見ると、先天的な染色体異常からくる体の発達・成長の障害があると見なければならないでしょう。それは、土偶が一貫して体の未発達の小人の体軀であることからも説明できます。そのような特異な体に、彼らが畏怖の念を抱いていたと考えられます。

そして、盛装していると考えられる円錐状の服装の姿として残すことによって、二つの感情、つまり畏敬と恐怖、崇拝と忌避の両方を抱くことになります。一方の理由だけでは、この出土場所が必ずしも特別な場所ではないことを説明できないからです。

◉土偶の身体的特徴は現実にあったもの

次に特徴が考察できるのが、「つりあがった眼」をもった女性像です。これも、たとえ黄色人種の細長い眼でも、これほど眼がつりあがっているのは「きつね眼」などといわれる一つの異形で、中期の「ネコ顔といわれる土偶」でもよくわかります。

これはネコの顔を予想させますから、動物を土偶化したように見えますが、よく見るとこれは決してネコではありません。国史学の藤沼邦彦氏による『歴史発掘3』には、《これは顔の輪郭や吊り上がった眼、弧状に並ぶ眉は鋳物師屋遺跡から出た土偶とそっくりである》とあります。

また、その手の先の指も三本で共通しています。さらに、眼や頬に刻線を加え、口を兎《す》口《ぐち》状にしていますが、これも口唇口蓋裂《こうしんこうがいれつ》です。このつりあがった眼の最も典型的な例は、

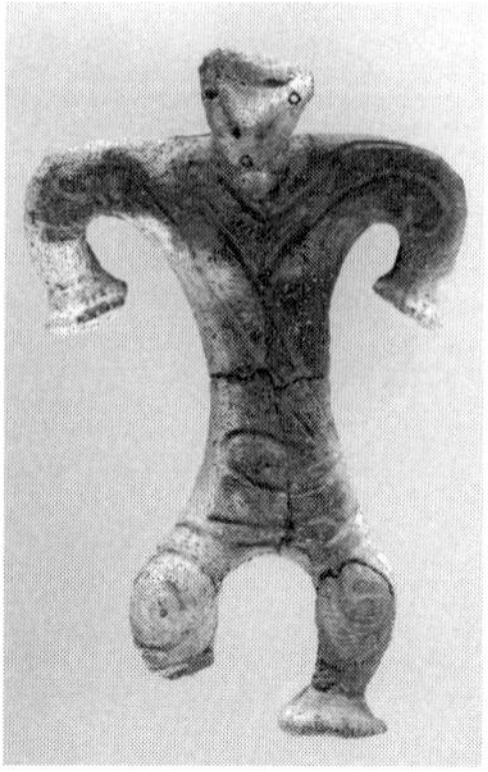
図30　ハート形土偶（青森県青森市近野遺跡）

図31　土偶（宮城県仙台市大野田遺跡）

「縄文のヴィーナス」といわれる長野県棚畑遺跡の土偶でしょう。

そのつりあがった眼はあどけなく、小さな口と合わせて幼児の顔を思わせますが、その胸と臀部《でんぶ》は成熟した女性を思わせます。渦巻き模様の帽子も洗練されています。これが世界一美しい先史時代の「ヴィーナス」といわれるのは、その肥満を様式化してリアルな面を捨象しているからでしょう。リアルな面を出せば、西洋のヴィーナスのようにグロテスクな奇形性が目立ってくるのです。

また、すでに述べた「ハート形土偶」がありますが、幾何学的な体や眼の丸いまぶたの縁取りや、ハート形の顔の輪郭も特殊です。しかしこれも、ほかの土偶と比較すれば、その形の不思議さも類推できます。それは「ハート形土偶」の仲間とされる青森県近野遺跡の土偶（図30）や、宮城県大野田遺跡の土偶（図31）で、一方は顔が逆三角形で平らであることや、手足が「ハート形土偶」の原型を思わせますし、他方はハート形の顔に大きな鼻といった顔そのもののつくりから、「ハート形土偶」に由来するものであると類推できます。

前者は、体に対する顔の先端巨大症を感じさせます。そこから、この「ハート形土偶」が異形を示すだけではなく、形としてより洗練された美術的加工がなされたと考えることができます。この眼のふちが丸く飛び出たさまは、やはりダウン症を思わせますが、すでにその症状を超えた形式化が行われています。

◉「遮光器土偶」の遮光器は遮光器ではない？

次に、「みみずく土偶」といわれるものですが、これはいくつかの突起で飾られた大きな頭部と、ハート形の顔が特徴です。眼と耳と口が同じ大きさの円であらわされています。体は扁平で、両肩からへそにかけてV字型の縞状に彫られた模様があり、全身が真っ赤に塗られていることが多いです。

図32　みみずく土偶（埼玉県さいたま市真福寺貝塚）

図33　みみずく土偶（栃木県栃木市後藤遺跡）

この種の土偶は関東地方に多いのですが、名高いのは埼玉県の真福寺《しんぷくじ》貝塚から出てきた高さ二〇・五センチの土偶（図32）です。これは、茨城県御所内遺跡の土偶が、同型の体をしながら、明らかにダウン症的な顔貌《がんぼう》を示しており、また、栃木県後藤遺跡の土偶（図33）は高さ一二・四センチと小さいですが、円板状の眼と口のつくりが同じで、これらを形式化し、一つの審美的な姿にしているのがわかります。

さらに興味深いのは、千葉県余山《よやま》貝塚出土の土偶（高さ一三・二センチ）の顔には口の位置に円板があるだけで、あとは縞状の筋がつけられているという点です。また、頭には平らな星状の円がつくられており、何かをそこに乗せていたのかもしれないという形状をしています。

いずれにせよ、この「みみずく土偶」はやはりダウン症的な女性の姿を基本としていると考えることができるのです。

縄文の土偶といえば、本書で何度も取り上げている、青森の亀ヶ岡遺跡から出た「遮光器土偶」が有名です。坪井正五郎氏の命名以後、この遮光器土偶の名があまりに有名になり、固定してしまった感があり、この土偶をそのような目で見ることに慣れてしまったことで、土偶の形状研究を遅らせたといえるかもしれません。

坪井氏が、大英博物館の陳列品にあったシベリア地方民の衣服器具の被り物が亀ヶ岡土偶の顔に類似していることから唱えた遮光器説や防寒器説（明治二三年「亀ヶ岡土偶の面貌」）をとるのであれば、縄文時代の日本で、明治時代のシベリアの人々と同じ寒暖の条件があったとする説明が必要でしょう。

当時がそれだけ寒冷時代であったことを、証明しなければなりません。こうした議論は今日でも繰り返されていますが、なんの解決もされていない以上、この遮光器説は成り立たず、その名前も誤解を生むだけのものになっているのです。

◉土偶の顔は盲目者か眼病者をあらわしている

まず、この種の土器を系統的に見てみましょう。岩手県立博物館の金子昭彦氏は、土偶の変容を四期に分け、後期の宮城県沼津貝塚の遮光器土偶成立前の土偶の例をあげています。それは、眼鏡のように形式化された亀ヶ岡の土偶とは異なって、遮光器土偶の起源を示しており、明らかにまぶたが腫れている結膜炎の症状をあらわしています。この眼病は、発赤《ほっせき》、腫脹《しゅちょう》し、目脂《めやに》が出て、失明しますが、この眼を閉じた状態はそれを示すのでしょう。この症状を示すのは、第Ⅱ段階の晩期の宮城県田柄《たがら》貝塚の土偶の顔も、岩手県浜岩泉Ⅱ遺跡（図34）もそうです。

これらはまだ形式化されていないので、眼病そのものを示しているといえるでしょう。そしてこの人物そのものが小人であり、子供のような姿形をしていたと推測されます。金子氏の比較でもわかるように、それ以後、亀ヶ岡の遮光器土偶に向かって形式化、装飾化が行われているのがわかります。

少なくとも第Ⅱ期の青森県の八日町遺跡の土偶までは、この眼のただれた状態が、まぶたが腫れている状態であることがわかります。また、鼻も小さく、全体が異形を示しているのがわかります。

図34　遮光器土偶（岩手県田野畑村浜岩泉Ⅱ遺跡）

図35　遮光器土偶（宮城県石巻市泉沢貝塚）

名高い亀ヶ岡の土偶や、宮城県泉沢貝塚（図35）の土偶は、眼がただれて潰れた状態が形式化して、美しく調えられているものです。この形式化によって、晩期のこの種の像がさらに形式化してダウン症的なまぶたや唇の腫れの傾向は残しながら、左右対称形にしたり、頭の装飾も形式化していったことがわかります。

この変容の過程は、このような眼病者であり異形人であった人物像そのものが一つの象徴像となって、この「腫れ目土偶」が次々と造られていったことで推測できるでしょう。

晩期の土面（秋田県麻生遺跡　図6）は、顔も眼も口もそれぞれ円でまとめられており、髪の渦巻模様と共に装飾性を帯びたものになっています。

また、「大型土偶頭部　図5」（高さ二三・〇センチ、岩手県萪内遺跡）は、明らかに盲目の男性の面を示しています。面白いことに、その鼻、口、耳が岩手県八天《はってん》遺跡から出土した土偶の耳、鼻、口とそれぞれ似ているので、これらを縫いつけた仮面をかぶった顔ではないかといわれています（『埼玉考古』三〇、金子昭彦「関東地方の遮光器系土偶」）。

この盲目者でいえば、前期の千葉県南羽鳥中峠《なかのごき》第一遺跡E地点も眼を閉じ、「死人」の表情を浮かべているといわれますが、盲人の頭部を形にしたものでしょう。

つまり、人物土偶のほとんどが眼病を主とした異形人の姿であることがわかるのです。これらの像が多く造られたのは、徳井氏によるその姿の注目度の大きさばかりではなく、人々のあいだに崇拝と忌避の両方の念を与えていたからでしょう。

こうした土偶の姿は、将来、巫女《みこ》となり、恐山のイタコのように死んだ祖先を呼び起こすことができる能力を盲目者に見たことを示しているのかもしれません。

◉日本の異形人像に見る「神話」的根拠

本書で述べてきたような縄文土偶の異形人像は、文献にいったいどのように残されているのでしょうか。日本の神話を見てみましょう。

『古事記』は七一二（和銅五）年、『日本書紀』は七二〇（養老四）年に成立しましたが、口承資料として示唆的な性格をもっています。縄文時代の記述としては、神武《じんむ》天皇（紀元前六六〇年即位）以前の上巻がそれにあたります。

最初から驚かされるのは、前にも触れましたが『古事記』の国生み神話の段です。イザナギノミコトとイザナミノミコトの二柱の神は、国生みの最初にヒルコ（水蛭子）を生んでしまい、葦の船に乗せて流し捨てるというくだりがあります。さらに淡路島を生みますが、それも子供のうちに数えられませんでした。

二柱の神は「私たちの生んだ神はどうもできがよくない。天つ神のところに行ってうかがってみよう」と参上します。しかし「天つ神」は自らそれをどうすることもできず、鹿の肩骨を焼き、ひびの入り方を調べる占いをするように指示します。そこで兄妹のいとなみを非難しなかったということは、これをタブーとする認識がなかったことを示しています。

また、占いでその帰趨が決められていたことは、近親婚による子供がいったいどのようになるか、「天つ神」でもわからなかったことを示唆しています。

ヒルコの名は、環形動物のヒルの形状をいったものと解釈できます。一方で、天照大御神《あまてらすおおみかみ》の別名「おおひるめのむち」に対して、「日る子」の意味をもち、男性の太陽神を意味しているともいわれます。決して、葬り去られる存在だけではなかったのです。

のちにヒルコが「えびす」という言葉になり、三歳まで足が立たなかった子や、歪《ゆが》んだ形や不正常な容貌について使われるようになった一方で、七福神の一人、恵比須として尊崇されたことも知られています。また、風折烏帽子《かざおりえぼし》をかぶり、鯛を釣り上げる姿で描かれ、海上、漁業の神、商売繁盛の神として信仰されました。これははなはだ示唆的で、異常児は決して蔑まれた存在ではなかったのです。

イザナギ、イザナミは兄妹の近親相姦であるため、そこからこのような異常児が生まれるのは十分可能性のあることですが、少なくとも神武天皇までの時代は、近親相姦が一般化していたようです。

文化人類学では、このような異常児が生まれることを避けるための「近親相姦禁忌」（インセクト・タブー）を人間の「自然」から「文化」へ移る一つのメルクマール（指標）にしました。「インセクト・タブー」が出現する以前に文化は存在しない、とレヴィ＝ストロースはいっていますが（『親族の基本構造』番町書房）、その対応のなかにやはり文化は存在するようにも思えます。

近親相姦を禁じる規則が登場するという現象は、自然の点じた火種から新しくより複雑な構造が生まれるプロセスという文化の過程ですが、複雑な構造はそれを禁じる前から存在しているのではないでしょうか。

そしてイザナギノミコトの左目を洗ったときにアマテラスが、右目を洗ったときにツクヨミノミコトが、鼻を洗ったときにスサノオノミコトが生まれたという出生の理由も、近親相姦を避けた形で行われたことを意味するのかもしれません。

さらに、姉弟であるアマテラスとスサノオが結ばれて次世代を生むわけですから、これも近親結婚です。これは文化人類学者によって、東南アジアの洪水神話における始祖の兄妹相姦神話と関係づけられています。

洪水によって滅亡に瀕した人類が、近親婚によって満たされ、それが次第に秩序に向かうことによって、天地分離神話とともに天（男）と地（女）の分離が生まれ、近親婚から離れたといいます（岡正雄『岡正雄論文集　異人その他』岩波文庫）。

皇室の祖神となったこの二世代は「自然」に属し、「文化」に属さないことになりますが、それはレヴィ＝ストロースの「近代」絶対の思想からの言い草であり、必ずしもここに適用する必要はありません。

◉土偶に見る「近親相姦禁忌」

たしかに『古事記』では、仁徳《にんとく》天皇以後の天皇をめぐる社会において、兄妹の結びつきは忌避されています。たとえば允恭《いんぎょう》天皇の世継ぎであった木梨軽太子《きなしのかるのたいし》は、妹と妻のような関係を結んでおり、そのために流罪の身となり天皇の地位を棒に振ったことが語られています。これは、すでに兄妹婚が社会で批判されていることを示しています。

しかし、こうした公的地位でなければ許されないことではなかったことは、その取り交わす歌に罪障感は読み取れないことでも推測されるでしょう。こうした「近親相姦禁忌」（インセクト・タブー）が「自然」から「文化」へのメルクマールとなるという見方は、厳密には正しくないと思われます。

文化人類学の多くの学者は、インセクト・タブーが既成のあらゆる人間社会において、形の違いはあるにしても必ず存在すると述べています。フロイトも「トーテムとタブー」を書いて、この禁止とトーテムを結びつけています（ジークムント・フロイト『フロイト著作集3　文化・芸術編』人文書院）。

しかし、このタブーにいたるまで、そこに人類としての長い経験があったこと、つまり虚弱な子孫の誕生への反省とその原因究明の長い過程があったと考えられます。その間、近親婚によって生まれる子孫たちがいたということについては、ほとんど注意を払われていないのは疑問です。

そこにいたるまでの恐ろしい経験が人類史にあり、それが土偶という形、鎮魂という形、崇拝という意味で表現されていたと考えられます。このような指摘は決して想像だけの問題ではないでしょう。まさに、縄文時代はその時期にあたっていたはずです。

◉障害者や病者に神性を感じていた人類

レヴィ＝ストロースは障害者、病者が「神話」において神の伝達者となることを指摘しています。障害者を神と人間のあいだの媒介者とし、身体的な不自由さを「聖なるもの」とみなす信仰は、「民俗的世界」に見出されます。

『古事記』のなかにクエビコという神が上巻の大国主命《おおくにぬしのみこと》の項に出てきますが、《今には山田のかかしというものである。この神は足は行かねども、天の下の事を尽く知れる神なり》と、歩けないが予知能力者として登場しています。

原始時代においては、疾病や障害や狂気は、神に遣わされた者、神を背負いし者、神に近き者へと聖別されたのです。『日本霊異記《りょういき》』は、奈良時代から平安時代初期にいたる説話を集めたものですが、一人の障害児について次のような例をあげています。

《その子は八カ月も過ぎると、体が急に大きくなったが、頭と首がくっついて、普通の人とは違って、顎がなかった。身の丈三尺五寸ほどある。生まれながら物を知り、天性賢い子であった》（下巻第十九）。

顎のない小人だったが、天性の賢さをもっていたと記しています。

昔は「白痴」と呼ばれていた知的障害者に関していえば、奥能登のある地方では、田の神が盲目や、斜眼などとして形象化されているといい、「白痴」を非常に大事にする風習がありました。「白痴」は死後、鯨に生まれ変わってこの村の浜辺に上がり、生前世話してくれた村民に利益をもたらしてくれると信じられていたのです。

『遠野物語』にも、芳公馬鹿《よしこうばか》という名の三五、六歳の「白痴」の男が火事を予知する能力をもっていると信じられている話があります（柳田国男『遠野物語』九十六、赤坂憲雄『異人論序説』砂子屋書房）。

また、明治時代の「仙台四郎」が、知的障害者でありながらもその正直さによって好かれ、立ち寄った店が必ず繁盛するという評判を得て人気者となったという話もあります。死後、それがいっそう高まり、唯一残された腕組みをして座っている写真が、仙台では多くの店の壁に掛けられているのも、現代に生きる民間信仰の例でしょう（大沢忍『不思議な福の神「仙台四郎」の解明』近代文藝社）。

さらに、古代中国では、傑出した人物は障害者である場合が多かったといわれています。合理論者として知られた後漢の王充《おうじゅう》は、その『論衡《ろんこう》』のなかで、一二聖、つまり五帝、三王（兎、湯、文武）、周公、孔子、皐陶《こうよう》の骨相について書き、そのいずれもが奇形障害だったと説いています。その論拠は、「神と徳を通ずることができるものは、常人と形貌《けいぼう》が異なっているはずだ」ということで、それがいつのまにか「不具・奇形」を「聖人」と同義語に変えてしまったようなのです。

『荘子』は、書かれた時代の最も新しい習俗を折り込んだものとされていますが、随所に「障害者賛美」が見られます。たとえば「徳充符編」の場合、《衛の醜男、哀駘它《あいたいだ》はその名からして、せむしか何かであったが、一度彼と知り合った者は、男子の場合、「思うて去ることができず」、婦人の場合、どんな富豪の妻になるよりも、「この人の妻になりたい」と願う者が数十人に上った》といいます。

『孟子』趙注に、原始民族のあいだでは、首長はしばしば呪術的、宗教的な力を有するものと考えられ、祭司または呪師となることが多かったが、その場合でも、彼らが著しく呪術的性格を帯びているものと考えられています。

◉聖と俗の両義的存在をあらわしていた土偶

柳田国男は「小さ子」の物語を説き、その半神半人の小児が、はじめは極端に小さかったのが、のちに驚くべき成長を示して成人するとともに、さまざまな困難を乗り越えて世の中のためになることを行うという神子譚《かみこたん》を語っています。これは小人の変身譚であり、異形人崇拝を意味しています。

また、柳田は《かつて祭の折にある一人を神主と定め、神の名代として祭の礼を受けさせた者を常の人と弁別するために、一眼一脚にする風習があったのではないか》と、「一つ目小僧その他」で述べ、わが国には片目、片足の奇形の話を成立させるような古い信仰の痕跡がある、と指摘しています（柳田国男『柳田国男全集』第八巻「小さ子　神子譚」筑摩書房）。逆に、自ら異形人となって神主となろうとするのです。

たしかに、すでに『古事記』の中つ巻で、これら障害者が必ずしも尊ばれていないことは述べられています。一人の息子が旅に出る際に、山越えの坂の入り口で「足なえ」や盲人に出会い、それを不吉とした話があります。こうした障害者や盲目を不浄視する信仰は、クエビコという歩行障害者にすぐれた予知能力を認めた信仰と表裏の、あるいは相互補完的な関係があるといわなければなりません。

古代もしくは民族的世界で、身体障害者や「白痴」と呼ばれた知的障害者が「俗」を超える存在として信仰されていたとすると、そこにはやはり、ある種の疎外－排除過程を想定しないわけにはいきません。

先ほどのイザナギ、イザナミの最初の子の「ヒルコ（水蛭子）」が流されたのも、やはりそのことを思わせるのです。一六世紀の西欧のバレのいうように、《異形人は「神の栄光」であり、同時に「神の怒り」の産物であり、「悪魔の仕業」である》というのも、その二面性をよく示しています。

◉異形人同様、畏怖・敬愛の対象だった土偶

それは、近代日本ですでに異形人が畏怖の対象から好奇心の対象に変わっていることでも類推されます。その変換期は室町時代頃だったと考えられます。見世物の対象になったのです。異形人の見世物の起源は、宝徳元年（一四四九）の京都の清水に小屋掛けをした八百比丘尼《やおびくに》に始まるというのが定説になっています（寺山修司『畸形《きけい》のシンボリズム』白水社）。

八百比丘尼は子供の頃、誤って人魚の肉を食ったため異形となり、しかも死ぬことができなくなって、八〇〇歳まで生きてきた、という説明つきで入場料「富者百銭、貧者十銭」のさらしものとなりました。

作家で民俗学者の藤沢衛彦《もりひこ》によると、この八百比丘尼は皮膚奇形の「白子」だったといいます。宗教民俗学者・堀一郎の『我が国民間信仰史の研究』のなかでは、人魚の肉を食べたのではなく「霊肉」を食べたという表現に変わっています。『本朝神社考』では、《八

百比丘尼は我が村の出身であり、来たって我が村に於いて入定し、入水して果てた》という記述が、北は会津から南は土佐まで十数か所もの地誌に見られると、劇作家で詩人の寺山修司氏は語っています。

一八世紀初頭の『和漢三才図会』によると、《延宝年中、摂州大坂に生れながら両手のなき者あり、足を以て用を弁じ、かつ字を書き、弓を射る。芝居に出て銭を乞ふ。按ずるに手の無き人は、俗に呼んで鑵児と名づく》、べら坊（全身真っ黒、頭が鋭く尖っていて、目が真ん丸で赤）、轆轤首《ろくろくび》、無臍人《むさいじん》、蛇うろこ、多瘤、熊毛女といった奇形の大半は、親の因果への応酬として子に下された罰だというのが、見世物の通説です。

興味深いことは、こうした異形が、医学による遺伝的な注釈もなければ、生活環境に関する社会科学的考察もなく、ひたすら罪と罰の因果論的にとらえられていることです。原因として、近親相姦などによるという記述もありません。

私たちが生きる近代では、人間は健康で正常な身体をもつ、という常識がつくられてきました。平均的身体によって形成されてきた一つの倫理です。少なくとも、西洋近代思想の摂理の表現として登場した啓蒙思想は、民衆の身体の画一性を制度として規範化し、一般的理性として「等身大」という概念を民衆へ押しつけることになったのです。

身体障害者、異形人を畏怖の対象、あるいは異化効果をもたらすシンボルとしてではなく、健康や正常の反対物として、基本的には排除や憐れみの対象として見下したのです。彼らのもっている正常性、真摯な努力を忘れ、その正常さに対する異議申し立てのシンボルであり、画一性への抵抗としての意味があったのでしょう。それが病気の形として、隔離し入院すべき対象となったとき、差別の対象となったわけです。

縄文土偶は、そのような意味で決して憐れみではなく、畏怖・敬愛の対象として造られているはずなのです。

2　世界の土偶も異形人像である

◉先史時代に多い肥満・女性像の意味

原始時代の土偶といえば、ヨーロッパからシベリアにかけて発達した後期旧石器時代文化の女性像ですが、象牙や骨、石、まれには粘土を材料にして、豊満な肉づき、豊かな乳房、突き出た大きな臀部など、成熟した体を誇張した裸体像が多くあります。

「ヴィレンドルフのヴィーナス」（図36　ウィーン、自然史博物館）、「レスピューグのヴィーナス」（フランス、オート＝ガロンヌ、パリ人類博物館）、「土偶のヴィーナス」（図37　チェコ、ドルニ・ヴェストニツェ遺跡）、「女神像」（エーゲ海地方出土）、「パザルジクの貴婦人」（ブルガリア中央部、パラウザク出土、東バルカン文化、紀元前四五〇〇年頃）、「愛の女神、アシュタルテ」（シュメール時代のテラコッタ、ルーヴル美術館）などにしても、おそらく生活を支える自然界の動植物の繁殖、豊穣を願う気持ちが、女性のもつ生殖力、繁殖力と結びついてこのような女性像をつくり上げたのだろうといわれています。

ここで留意したいのは、すべてが西洋美術史の観点で見られ、女性像が一般的にギリシャの「ヴィーナス」の名で呼ばれており、それが往々にして誤解を生んでいることです。「ヴィーナス」は理想形の女性の肉体を示していますが、この身体はいずれも「拡張された」ものです。これは明らかにフリーク（異形）であり、一つの特色となっています。

今日では肥満の人々が多く、これらがそれほど特別には見えませんが、肥満が異常であることは先史時代においても気づかれていたはずです。今日のような飽食の時代と異なり、肥満の

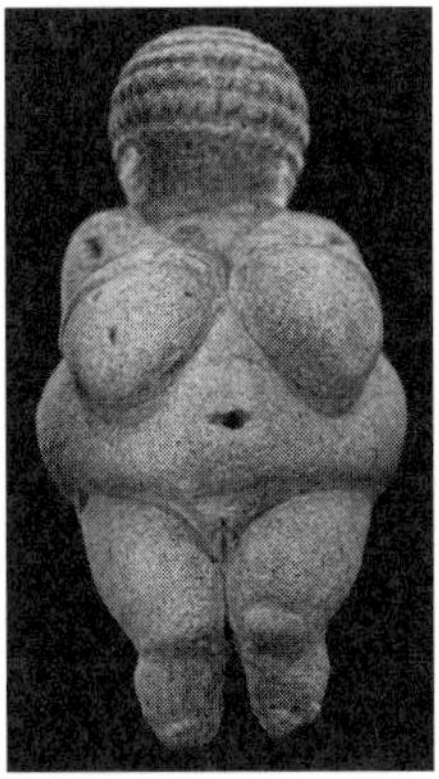

図36　ヴィレンドルフのヴィーナス（ウィーン、自然史博物館）

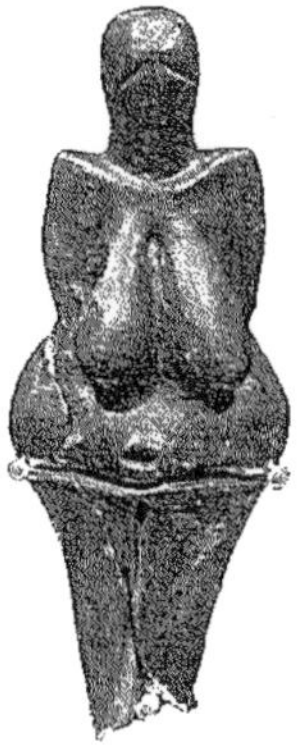

図37　土偶のヴィーナス（チェコ、ドルニ・ヴェストニツェ遺跡）

女性は多くなかったと考えられていることから、それらが特別目を引いたのでしょう。それを造形して残したいという希望は、人々がこの異形性を問題にし、なおかつ複雑な心理過程があったにちがいありません。

また、いずれの女性像も頭部が簡略化され、眼があらわされていないか、眼が一本の線で刻まれていることが多く、むくんだまぶたで囲まれているように見えます。これは、「ヴィーナスの頭部」の名で知られるブラッサンプイ（Brassempouy）の象牙の小さな頭部が、やはり眼がくぼんで盲目らしいことでもわかります。

一つの例だけ見れば偶然に見えますが、各地で発掘されたものが共通しているのです。これは、眼がふさがっているか、眼がただれて見えない姿だと指摘することができるでしょう。つまり、盲目か眼病にかかっているかを指摘することができるのです。

このことは、日本の「縄文のヴィーナス」とも関連しているように見えます。「縄文のヴィーナス」は、そのみごとな臀部の丸みが独特ですが、先述したように、これら世界のヴィーナス像のなかでも最も均整のとれた美しい土偶で、頭部の飾り帽子がその美的な体をいっそう引き立てていることは繰り返すまでもありません。

◉異形人に刺激された創造力

考古学者のマリヤ・ギンブタス女史が『古ヨーロッパの神々』において、図版入りで引用する土偶を検討してみましょう。範囲は紀元前六五〇〇年から紀元前三五〇〇年頃までのエーゲ海、バルカン半島からドナウ川中域、アドリア海地方、モルダヴィアにかけて、ミノア文化が先行して繁栄した新石器時代、初期農耕文化の世界で生まれたものです（鶴岡真弓訳『古ヨーロッパの神々』言叢社）。

ここに掲げられた土偶や石偶たちがフリーク（異形）であることは、「結合双生児」のような二つの頭部が一つの体についている像があることでもわかります。「双頭女神」（ヴィンチャ文化、ルーマニア西部出土）のように不可思議な姿が、ある意味で神秘的な姿として人々に残す意味を与えているのです。

結合双生児以外でも、子供の未熟児や盲目の子が土偶や仮面の姿で出土していますし、「魚の女神の石像」（レペンスキ・ヴィルⅡ出土、紀元前六〇〇〇年）などは、目と口は魚、鼻は人間と観察され、「魚の女神」などと命名されていますが、その顔、口は隈取られ、ダウン症を示しています。

腕、胴はやせて骨が露出していますが、ダウン症の異形人と見れば、その姿形の不思議さの謎は解消してしまいます。「卵形の頭部」（レペンスキ・ヴィルⅡ出土、紀元前六〇〇〇年）には、歪んだ大きな口、垂れたまぶたなど、明らかに異常を示しており、これが異形人像であることを明確にしています。こうした病者の異形に、不可思議な異質性を感じ取り、それを造形化していったと考えられます。

「悲しみにくれる神、もしくは考える人」（チェルナボーグの墓所出土）などは、いかにも意味ありげな題がつけられていますが、これは首の長く顎がない女性が、その病気に悩んで座り込んでいる姿であり、その異形性に創造動機があるように見えます。

◉異形人像と西欧神話との関係

土偶のこのような事実は、ヨーロッパの神話の内容とも対応しているようです。これらの出土地から近い地域の神話として「ギリシャ神話」がありますが、創世記のものは明らかにフリーク（奇形）の生き物が書かれています。

天のウラノスと地のガイアの結合から、まずティタン、キュクロプス、そして一〇〇本の腕をもつ怪物へカトンケイルが生まれています。彼らは天から生まれた子供のなかで、最も恐ろしい者たちでした。父のウラノスははじめから彼らを忌み嫌い、彼らを生み出しても地中に埋めておき、昼になっても地上に出てこられないようにしました。

天はこの措置に満足しましたが、地はこのような異常な妊娠に耐えなければならないのを恨み、巧妙にして邪悪な計画を練りました。そして地のガイアは、父ウラノスを憎むティタンたちのなかで最も若いクロノスに鋼鉄の半月鎌を与えます。クロノスはすぐに父の睾丸《こうがん》を切り取りましたが、地面にしたたり落ちた血から、次の世代の怪物たち、とりわけエリニュスと巨人たち（ギガース）が生まれた……というように、常に奇形や異常人が生まれてくることに対する一つの説明として、神話を語っているように見えます。異常者、病弱者が生まれると、それを地中に埋めることを示唆しているように見えるのです。

紀元前八世紀にヘシオドスは、奇形の生き物の母親は地、つまり泥土であるといっています。熱く湿った空気の作用で、天が父親の役目を果したために、泥土からそのような形がつくりだされたというわけです。数世紀後、ディオドロスは生殖の過程を次のように詳しく記述しています。

《それらの動物のうちいくつかは、胸や前足のところまでしか出来上がっていない。それらは動くことは出来るが、からの残りの部分がまだ形をなしておらず、彼らが出てきた泥土と同じ性質をもっている。これは、奇形の不思議さを、泥土による不定形な状態と重ね合わせていると思われる》(マルタン・モネスティエ『図説奇形全書』原書房)

さらに、先史時代に異形人が多かったことについて、誇張されているとはいえエンペドクレスの次のような一節ほど、私の説と対応するものはありません。

《その時代、世界の始まりに生きていたのは別々に離れて動いている器官であった。そのとき、たくさんの首のない顔が次々と芽生え、体から切り離された腕が肩もないのにさまよい始めた。顔の額には目もなかった。体のない四肢は、腹立ちまぎれに、また結合しようとあちこちにばらばらにさまよっていた。やがてばらばらにさまよっていたそれらの断片は偶然に出会って集まり、考えられるかぎり、無数のちぐはぐな組合せで自らを形作った。こうして、人の顔を持つ牛や、牛の頭を人間や、顔の二つある動物や、たくさんの四肢、二つの顔、二つの胸を持つ奇妙な生き物たちが出来上がった。ほどなくして、それら風変わりで不調和な形をしたものは消えうせたが、いくつかの生き物は偶然に形をなして生き延びた。異なる性が出現し、それ以来、生き物はもはや地ではなく、生殖によって作られるようになった。それが最初の人間と、最初の動物と、ファウヌスやケンタウロスやサチュロスといった奇妙な生き物の最初の種族であった》（エンペドクレス「ペリ・ピュセオス〈自然について〉」『図説奇形全書』）

この記述は「文化」のある人々が、近親結婚や非衛生などで異形人が多かった時代を、それらが生殖で生まれたものでないと回顧しているといってよいでしょう。遠い祖先たちが、異形人たちで満ちていたこと、そしてやはりファウヌス、ケンタウロス、サチュロスたちのように、人間と動物の合体した生き物も人間と同じように生殖から生まれたことも述べています。

◉オイディプス王に見る神話の基本的モチーフ

ここでさらに西欧文化を理解するうえで重要な神話、古代ギリシャの地方伝説や民間伝承から生まれた「オイディプス神話」を考えてみましょう。これはソフォクレス（紀元前四九六年～紀元前四〇六年）の手によるもので、悲劇で知られています。

オイディプスは龍を退治したカドモスを始祖とする、テーバイ王朝のライオス王と妃イオカテスのあいだに生まれました。ライオスは、息子が将来自分を殺し、イオカテスを妻とするという神託を受けます。ライオスは赤子の両足を突き刺し（腫れた足）、キタイロン山に置き去りにして殺せ、と臣下に命じます。しかしオイディプスは羊飼いに助けられ、実の両親については知らないまま成長します。

旅に出たオイディプスはある日、十字路にさしかかりますが、そこで見知らぬ男と口論になり、その男を殺してしまいます。この男こそ、実の父ライオスでした。オイディプスはそれとは知らずに父殺しの大罪を犯したことになります。

オイディプスは旅を続け、テーバイの都に着きます。都は人殺しの怪物スフィンクスに蹂躙《じゅうりん》されていました。オイディプスはスフィンクスの謎を解き、自滅させます。その褒美としてテーバイの王の座が与えられ、ライオスを失って寡婦となった実の母イオカテスが妃となります。

やがてテーバイの都を恐ろしい疫病が襲います。アポロンの神託によれば、疫病を断つには、ライオスを殺した者を見つけなければならないということでした。それがほかならぬ自分自身だったことを知ったオイディプスは自身の素性を知り、イオカテスは縊死《いし》し、オイディプスは母のブローチで目をついて失明します。

レヴィ＝ストロースはこの神話について、「腫れた足」と龍を結びつけ、地下にも神々がいることから、オイディプスが地中から生まれることと関連づけたり、謎に答えるという「コミュニケーションの過剰」を指摘しています。

しかしそれよりも、私はここでは、最初に父ライオスの神託によって、息子が妃と結婚するという近親相姦そのものが予想されていることに注目します。

実際、最終的に母と結婚するという近親相姦が実現するのであり、そのことがこの神話の基本モチーフとなっていることがわかります。それはすでに近親相姦がタブーとされていたことにより、このおぞましさを「神話」として感じることができます。「危険な子孫が生まれる」という予想によってのみ近親相姦は否定されている、ということを忘れて母子相姦が悪であると決めつけるわけにはいきません。この神話は一方で、母子相姦が実際に行われていたことを示唆しており、ある意味ではそれによって生まれる危険な子孫がいたことを認めていたことになります。

たしかにその後、古代ギリシャ社会においては、障害のある子供を養うことを禁じた法律があったとアリストテレスが伝えていますし、古代ローマの王政末期には「奇形の子供は殺すように命じる」という法さえできました。

しかしエジプトにおいては、ベスとプタハの神のように、異形の者が神に加わっており、多数の墓地から障害者のミイラが見つかっています。また、ローマ誕生のとき、ロムルスはどんな子供でも最初に生まれた子供を殺すことを禁じています。

◉人々が異形人に感じていた忌避と神聖

障害者、病者が正の意味与えられていたのは、決して神話の世界や「未開」の時代だけではありません。ヨーロッパ文化の絶頂期であった一六世紀でさえ、奇形がある意味で歓迎されていたとさえ思われるのです。

錬金術師は、「ホムンクルス」と呼ばれる奇形を造ろうと苦心しました。それは、「別の世界」と交信できる霊媒と思われていたからです。天体のある種の動きから生まれる怪物に備わっていた超自然の力を我がものとし、自分に従わせようとしていたのです。スイスの医者で科学者のパラケルススは、この「ホムンクルス」を造ることこそが、《神が人間に明かした最も重大な秘密の一つである》といっています（大橋博司訳『自然の光』人文書院）。

フランス一六世紀の外科医アンブロワーズ・バレは、「畸形の発生する一三の原因」なるものを発表し、その第一に「神の栄光」をあげています。その第二は「神の怒り」で、最後の第一三は「悪魔の仕業」です。

この三つは「畸形が超自然的な力によって意図的につくられたもの」という点で、外科医らしくない考察を行っているといえるでしょう。「神の怒り」とか「悪魔の仕業」といったとき、それがひとえに「近親相姦」を意味しているのかもしれませんが、そのことをはっきり述べていません。しかしそれが同時に、「神の栄光」であると述べていることは、奇形を生むことが決しておぞましいだけではなかったことを示唆しています。

一六、七世紀の宮廷においても、多くの王侯貴族が異形を自分の傍に置きたがったことは知られています（プロイセンのフリードリヒ二世は大男を好み、近衛兵は大男ばかりだった。ロシアのピョートル三世が脊柱が湾曲した（せむしと呼ばれていた）醜い女を寵愛したとか、ルイ一四世は異形の女性に対する異常性欲があったといわれる）。

ベラスケスが、フェリペ四世の宮廷の小人を絵画によく描いていることは知られています。特に「ラス・メニーナス」（マドリッド、プラド美術館）では、マルガリータ王女と並んで二人の異形人（小人）が描かれていますが、その堂々とした姿は、単に慰み者としか見ない近代の見方ではなく、まさに同等の資格をもった者であることがわかります。この時代が「文化」がないといえるでしょうか。

もちろん外科医らしく、第三から第一二までの一〇項目に、その生まれた別の理由を述べています。つまり、第三は精液の過多（その結果、双頭の子供や結合双生児や両性具有者が生まれる）、第四は精液の過小（その結果、肉体の一部欠如した人間が生まれる）、第五は想像力（妊娠中の女が妄想したり、いつも同じ絵を眺めていたりすると、それが子供の肉体に現れる）、第六は子宮の狭窄《きょうさく》です。

第七は、妊婦が長いあいだ行儀の悪い姿勢で座っていると腹部を圧迫されて起こる。第八は、妊婦が腹に打撃を受けたり、高いところから落ちたりして起こります。第九は遺伝、第一〇は腐敗です。第一一は精液の混淆《こんとん》で（たとえば獣姦《じゅうかん》によって半人半獣が生まれたりする）、第一二は演技、つまり乞食などが同情をひくために演じるにせ障害者、ということになっています。

ヨーロッパにおいて、異形人が「自然」状態といわれる先史時代においても、「文化」の高い時代においても、いかに人間にとって注目の的であったかが理解できます。異形人が正常で能力がある場合は、その超自然の不可思議さと威容性で崇拝の対象となり、彼らが虚弱で劣悪に感じるとき、同時にそれは忌むべき不幸の象徴として造形化することによって、それを除去しようとしたと考えられるでしょう。

◉中南米にもある異形人像の特徴

ここで世界の土偶について分析していきますが、今回は中南米、北米、アフリカについて述べ、東洋は日本を代表とし、オセアニア、中国などはまた別の機会にしたいと思います。

土偶によるこのような異形表現の顕著なものは、それがより写実的なものだけに、中南米の例がよいでしょう。中南米の土偶については、ミラー・タウベ氏が次のように述べています。

《メゾアメリカの研究の世界では古代の奇妙なモチーフであるグロテスクや、デフォルメされたねじれた顔を「トゥエルト」tuertoと呼んでいる。トゥエルトとはスペイン語で片目の人という意味である。典型的なトゥエルトは片目を閉じ、鼻と口が片方にねじれてついている。時には口から横向きに曲がった舌が出ている。古くは形成期オルメカから存在したようで、オルメカ様式の石のユギトyuguito（球技）に彫られているのが見つかっている》（メアリー・ミラー、カール・タウベ『図説マヤ・アステカ神話宗教事典』東洋書林）

この「トゥエルト」と呼ばれる像が多いことでもわかるように、メゾアメリカ（メキシコおよび中央アメリカ北西部）の表現には奇形が多いことがよく知られています。右の事典でも「奇形」の項目が加えられているほどで、同氏による「奇形」の記述はたいへん興味深いものがあります。

《オルメカ美術ではこびとやせむしがよく描かれた。彼らは嘲笑の対象というよりは、むしろ偉大な超自然的力を持つ者として描かれている。ある例では小人たちが空をささえており、べつの例では顎のない小人が眉の上に巨大なおうぎわしの頭をのせている。奇形の描写は原古典期メキシコ西部の土製の墓の美術にも豊富に見られる》

後古典期後期において、メキシコの中央部では《ある種の奇形と病気は、不謹慎な行為に対して「アウィアテテオ」（過剰の神々）が与えた罰と考えられていたらしい》と述べ、奇形がある種の罰の結果であると述べています。また、道化や音楽師、さらにエンターテ

図38　女性土偶（メキシコ、トラティルコ出土）

図39　二頭一身の女性土偶（トラティルコ出土）

イナーがしばしば身体障害者だったとつけ加えています（同『図説マヤ・アステカ神話宗教事典』「奇形」の項）。

しかし、中南米でこうした異形人の姿が多く表現されていることは、まさにそこに投影する正常な人間そのものへの関心の深さを示しており、ほかの文化にはない表現となっているのです。

メゾアメリカでは紀元前一八〇〇年から紀元前一五〇〇年に、土器とともに土偶が造られました。これらは日本の縄文土偶と似ており、顔が体に比して大きく、その顔も異様です（図38）。特にメキシコの中央高原トラティルコから出土した土偶は「二頭一身の女性土偶」（図39）があるばかりでなく、頭が異様に大きく明らかに異形で、半分が人で、もう半分が骸骨となった異形の人物の座像がオルメカ文化の例として紹介されています（図40）。眼が大きく見開かれ、口もへの字で歯も出ており狂気、「白痴」の様相を示しています。

この「白痴」の様相は石偶「ベビー・フェイスの座像」（図41　メキシコ、トラティルコ出土）にもよく出ており、そのだらしない格好も写実的です。ベビー・フェイスといわれるように、幼児的な仕草をしていますが、へし曲げたような口や手足に鋭い爪をもっているためジャガーの動物神を体現しているといわれています。それも白痴的な状態として理解できるもので、特別な意味の付与はできないでしょう（加藤薫『ラテンアメリカ美術史』現代企画室）。

図40　土偶（トラティルコ出土）

図41　ベビー・フェイスの座像（トラティルコ出土）

◉現世と異界とを結ぶ媒介役と考えられていた異形人

このようなオルメカ文化の伝播によるメキシコの異形人像については、私が最初に指摘したわけではなく、すでに注目されていることです。ナヤリの美術品のなかで、背中にコブがある、全盲あるいは片足がないなどの肉体的な障害者がことさら強調され

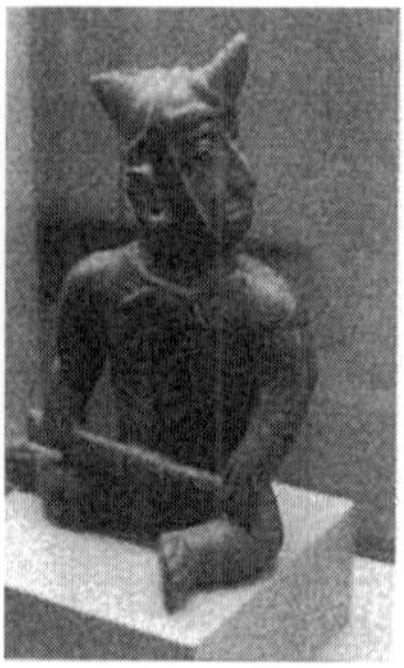

図42　角のあるヘルメットをかぶった戦士（メキシコ西部海岸出土）

図43　笑う顔（ベラクルス出土）

て造られています。

このような異形人像についての一般的な説明では、神の意志が人体の奇形の部分に表出していると信じられており、奇形人に神と人間の仲介者としての役割を担わせたと想像できます。

女性像でも、巨大につくられた性器、幾重にも飾りをつけた大きな鼻などが見られます。もちろん、ナヤリでは家屋のなかの群像や日常生活をあらわしたものもありますが、このフリークまたは「白痴」表現こそ、これらの人々が崇拝の対象にもなり、その人物像が残された理由がわかります。

メキシコのハリスコ州から出土した土偶は、ナヤリの土偶よりさらに洗練され、様式化されているといわれています。頭部は細長く、鼻の輪郭線は鋭く尖り、まぶたはまっすぐな線であらわされ、その中に小さな丸い眼があります。これはまるで日本の鬼のイメージを連想させる、と『ラテンアメリカ美術史』で加藤薫氏が述べています（図42）。

有名なのは頭部像であり、中部ベラクルス州においてレモハダス様式と呼ばれる民族美術のなかのテラコッタ像「笑う顔」（図43）があります。これは、笑う像として世界の美術のなかでも珍しいものですが、その顔は通常の笑いというより、知的障害の造形というべきでしょう。頭部が逆三角形で扁平なのは、頭部を変形させる風習からきているといわれていますが、その風習自体がこのような精神遅滞を呼び起こすものだったかもしれません。

この像がなぜ笑っているのかこれまで疑問視されてきましたが、これを知的障害による笑いと見れば、疑問は氷解します。しかし、それが今日でいう知的障害の観念ではなく、異界との媒介をする役としての異形人なのであり、決して侮蔑の対象ではないことを明記すべきでしょう。

◉少なくない、縄文土偶との共通性

古典期のマヤ文化の中心は、グアテマラ北部のペテン地方で、その最大の遺跡はティカルです。そのピラミッドの階段部に、雨の神チャックか、死を司る女神イツァムナーの顔をあらわしたといわれる香炉がありますが、この祭司ふうの人物も狂気を帯びている異形人といってよいでしょう。呪術師のように見えることから、このような神の名称がつけられたと思われます。

こうした異形人が、そのような役割として社会のなかで位置づけられてきたことは、その言動が神秘性を帯びていたからにちがいありません。

ハイナの土偶もまた、興味深いものです。カンペチェ市近郊のハイナ島の墳墓から発見された土人形は、その時代の風俗がそのまま知られるような姿をしていますが、その顔は細長く、知的障害者の顔貌であることがうかがい知れます（図44）。これらは単に上流階級の着飾った姿だと説明されますが、彼らが超能力者と判断され、祭司として着飾った姿をさせられていると判断できます。

このような異形人崇拝はコロンビアなどにも見られ、「半人半獣人形ペンダント」（図45タイロナ文化、コロンビア北東部出土）などを見ても、一見、日本の縄文の遮光器土偶を思わせる造形を造り出していています。半人半獣といわれますが、それは異形の人物が着飾った姿なのです。

図45　半人半獣人形ペンダント（コロンビア北東部出土）

図44　男性座像（メキシコ、ハイナ島出土）

この点で、メキシコ、ゲレーロの村シャリトラから出土したとされる「産婦の土偶」（大英博物館、紀元前八〇〇年～紀元前三〇〇年）は興味深いものだといわれています（増田義郎編『大英博物館6　マヤとアステカ・太陽帝国の興亡』日本放送出版協会）。

腹部に切れ目があることから「産婦」と呼ばれていますが、これは縄文土偶にある腹部の傷とも似ており、脚が短く広げられています。特にその眼は塞がれており、明らかに眼病を患っています。高さは三八センチあるこの像と、日本の遮光器土偶といわれる像との類似性は指摘されなければなりません。

◉さまざまなタブーから生まれた創造的表現

次に、アンデス地域に目を転じてみましょう。ペルーでは、チャビン文化の影響を受けた各地の文化が紀元前三世紀頃から特色ある文化を形成しています。アンデス北部の海岸地域では、モチーカ人たちがモチェで太陽や月の神殿など大建築を残しています。

彼らの美術水準は高く、細長い土器ばかりではなく球形の壺、巨大な盆などがあり、そこには動物や植物、怪獣や人間、戦闘場面などが描写されていますが、そのなかで人間の肖像を写実的に表現した「人間壺」と呼ばれる一連の作品があります。

型抜き法で造られていますが、単に肉体的な特徴を示しているだけでなく、その内面的な心理状態までとらえています。実在の人物をモデルにして造られたのでしょうが、極めて写実的です。肖像土器が、ほとんど異形人を示していることは明らかです。異様に見開かれた眼、潰れた片目、開けた口、鈍重な表情など、異形人をつぶさに表現しています。

これはエロチックな像にも示されていて、男女間の交合、女性同士のそれ、不能者や死者の自慰行為、そして背にこぶをもつ異形人、あるいは足の不自由な障害者が死者と交合しているといった、さまざまな姿で表現されています。

これら性交状態の場面は、インドのヒンズー教のカジュラホ遺跡などの像を思い起こさせますが、特徴的なのは、多くはそれが異形人であることです。なかには、認知症で皮膚病を患っているものもいます。異形人の性行為は、明らかに彼らモチーカ人たちの関心を引き、見世物以上の聖なる行為として表現の対象になったにちがいありません。

モチェとほぼ同時期にナスカ文化がありますが、その美術の中心は土偶で、彩色装飾が施されています。その人物はやはり異形人の形相をしており、それはレクアイ文化の土偶も同じ傾向を示しています。これはブラジル地方のマラジョ文化も共通しており、女性の土偶（図46）は明らかに異形を示

右、図46　女性土偶（ブラジル、マラジョ島出土）
上、図47　チャクモール（メキシコ、メキシコ市出土）

し、半身半獣の骨壺などもその一種と見ることができます。

紀元七世紀以後になると、トルテカ文化が華開きますが、石彫りの戦士像、特に「チャクモール」と呼ばれる横臥《おうが》像は腹に容器を載せており、生け贄《にえ》の心臓を載せて血をためるために使用されていたといわれます。これは異形人と見られ、決して通常人ではないことが注目されます。また、土器は鉛色の釉《ゆう》薬を使っているものもありますが、その人物像もやはり異形人と考えられるほどグロテスクな顔をしています（図47）。

◉異形人信仰とラテン・アメリカ美術の深い関係性

スペイン人が侵略するまで、メゾアメリカで最大の帝国をつくりあげたアステカ人でしたが、そのアステカ文化でも、このような傾向は続きます。

「女神コアトリクエの石像」（メキシコ市、テノチティトラン出土）は、二・五メートルほどの巨大な石のブロックを人体に模してつくられたものですが、この女神の姿も奇妙で、首、腰、背中に死の象徴である頭蓋骨と犠牲の象徴である心臓をつけています。両手を正面に広げて足は太く、鷲のような鋭い爪をはやし、蛇のモチーフが帯やスカート、頭部などにあらわれています。その異常な形相は、やはり異形人からきていると考えるほかないでしょう。

母神トラソルテオトルが玉蜀黍《とうもろこし》の神センテオトルを生んでいるところを表現した像（図48、テノチティトラン出土）は、それが顔も姿も形式化され、その異形人性が明らかになっています。

図48　母神トラソルテオトル（テノチティトラン出土）

この、異形人文化とでもいえる形象文化は、アンデス地域にも見られます。チムー文化には巨大な石像はつくられていませんが、その黄金製儀式用ナイフの柄部（ペルー北部、バタン・グランデ出土）などを見ると、その異様に大きな眼、そして貧弱な身体は、異形人間像から出発している像と見ることができます。

また、子供を抱える男性座像をあしらった壺（ペルー北部海岸出土）も、やはり単なる通常の親子像とは見えませんし、チャンカイ文化の白地黒彩土器も、単純化した異常に肥満した人像として見ることができます。

このような長い歴史をもつラテン・アメリカの美術は、異形人信仰によって成り立つことを明記すべきでしょう。

◉北米の仮面とトーテムの異形人像

中南米の次は、北米の例を見ていきます。ブリティッシュコロンビアからアラスカにいたる北米の「先住民部族」が、多種多様な美術形式を発展させてきましたが、そのなかでも仮面に注目します。

仮面やトーテムについては文化人類学者の膨大な研究があるのでそれらを参照する必要がありますが、ここでは今日、通説となっている文化人類学者レヴィ＝ストロースの分析をとりあげ、それに基づいて形象を観察していきます。

北米の仮面について、ストロースは一九七五年に『仮面の道』（筑摩書房）という著書を出しています。そこではシュウエ・シュエ、スワイフェ、ゾノクワの三種類の仮面をあげており、各集団はその関係のなかでつくりあげ、それぞれが変形したものだと述べています。仮面特有の様式とともに、一連の変形を通じて相互が連関しているというのです。

たとえば、ゾノクワの仮面はスワイフェの仮面を変形したものであり、スワイフェは白を主体とするのに対し、ゾノクワは黒く塗られています。前者は鳥と関連し、羽根を頭冠にしていますが、後者は髪を意味する動物の毛と、黒っぽい色の毛皮のマントに置き換えられているといいます。

また、前者は飛び出した眼で下顎が垂れ、大きく開いた口から舌が突き出していますが、後者は半眼でくぼんでおり、口は舌が出ないような形で唇を丸めています。

しかし実際の仮面を見ると、眼はくぼんでいますが、口は丸めて突き出しているだけで、舌が出ないようにという記述は変です。これはスワイフェと対照的に述べるためで、この顔の変化を指摘して二つの部族に密接な関係があると述べています。

ところが、頭にも顔にも共通性も対称性もなく、この観察も恣意的で、二つの仮面は変化ではなく異なる仮面というしかありません。一貫してうかがえることは、ゾノクワのほうが眼が潰れ、口を丸く突き出している傾向で（レヴィ＝ストロース『仮面の道』）、これは一つの人間像の記憶に基づくことにほかなりません。

この顔は、明らかに「まとも」な男性の顔ではありません。ゾノクワの仮面は目が落ち込んで小さく、口をやや突き出して開けており、盲目で認知症の顔であると推定されます。一方、スワイフェの仮面は目が飛び出して口から舌を出しており、バセドウ病を患った認知症と見ることができます。

こうした傾向がそれぞれの部族の仮面で似ているのは、その顔の異形人の印象がその部族で圧倒的だったからだと推測されます。部族における異形人の顔を仮面に託し、それをかぶることによって、その人物に成り代わるのです。そのことによって、部族のアイデンティティを保つことが仮面の目的のように見えます。

また、ストロースは、仮面だけでは単一の意味をもたないとしています。むしろ凝縮された夢のように、特定の文化的背景と関連する意味連想が何連にも重なった結果できあがったというべきだというのです。しかしはたして、そのような意味連想があるのでしょうか。先入観が強すぎるように思います。

◉「異様さ」が基準の仮面

彼に限らず、文化人類学者はしきりに仮面に結びつけられる神話を探し、仮面を所有する社会集団の宗教的、経済的意味合いの双方に由来するさまざまな連想のモザイクが仮面の意味だとします。

《それだけで意味のあるものとして解釈することが出来ないということが分かるまで、解答を見出すことができなかった》（レヴィ＝ストロース『仮面の道』）といいますが、一つだけのものをどのように見るかがわからないと、それと関連するものも結局わからないはずです。

前出のスワイフェの仮面をサリシェが所有し、森の奥に住むという伝説の女食人鬼であるゾノクワを、近隣のサキウドルが所有するという事実は、この仮面が決して一部族の象徴としての仮面ではなく、共通する人間像を所有しているということなのです。

スワイフェの仮面が舌を出していることから、魚の尾鰭《おひれ》と関連するので水と関連するというのも無理な意見で（『仮面の道』、『構造人類学』みすず書房）、神話と仮面は関係ないといっていいでしょう。

人間にとって仮面とは何か。ストロースは仮面を化粧と同じ〈文化的〉存在の証といいますが、顔そのものの性格が違います。化粧はもともと普通の人間の顔ですが、仮面はより以上に見えるのです。

仮面を「社会的衣服」と呼び、紋章や記章を通じて身分、社会的機能、役割を果たすのと同じであるとしていますが、仮面自身からはそうした役割はうかがえないのです。仮面が超自然の世界と接触するための手段であるといいながら、それが社会的機能、役割もあらわすというのは説得力がありません。

《人間にかぶられて命を得た仮面は、神々を地上にもたらす。神々の存在を明らかにし、神々を人間社会に導き入れる。逆に、人間は仮面をかぶることによって社会的存在としての自らのアイデンティティを確認し、シンボルを使ってそれを通過し、コード化する》（『構造人類学』）と述べていますが、そのコードがなんであるかわからないのです。

また、数多く造られているトーテムも、そこに分類の論理があるとする（トーテムを「未開社会」の思考と構造とする）ストロースの見解と意見も疑問です。動物を擬人化したわけではなく、大半は異形人の様相を示していると私は考えています。当然、動物の顔に似せてつくるものもありますが、それはあくまで人間の異形なのです。

したがって、それはほかのトーテムとの関係からつくり出されるのではなく、地域の部族のなかに生まれた異形人を典型化、もしくは装飾化し、その異形人は複数なのでそれを積み上げようとしていると考えられます。

そこには巨人症も小人症もあり、末端肥大症、バセドウ病、認知症などがあり、ここで一つひとつ分析する余裕はありませんが、異様さがこのトーテムの表現基準になっています。しかし、それこそが集落の記憶であり、共同体の象徴になっているものと思われるのです。

◉北米神話と仮面や土偶との関係

ストロースは、神話というものは構造そのものであり、それ自体は意味をもたないといっています。これは日本の神話が『記紀』にまとめられたとき、個々の神話が体系化されて天皇神話となったことと意味を異にします。

ストロースは、神話はトーテムや仮面同様、それぞれが関連し合い、変形していく過程において聞き手によって造られていくといい、別の神話によって絶えず変形され、最終的に意味を与えられないままだといいますが、この見解は示唆的です。

彼の定義によれば、神話はあらゆる異形の総体なのです。「オイディプス神話」に心理的、性的コードを読み取るフロイトの解釈でさえ、最新の変形にすぎないというわけです（同『仮面の道』）。

彼はポロロ神話の一つをあげています。母親と近親相姦を犯した息子が、父親に死者の魂と対決させられます。息子は逃れましたが、怒りの収まらない父親は息子を鳥の巣荒しに誘い出します。父親は息子をだまして絶壁を登らせ、死んだと思って置き去りにします。猛禽《もうきん》は最初、息子を敵視しましたが、結局は崖から降りるのを助けてくれます。

村に戻った息子はいつも庇護してくれている祖母に出会いますが、その夜、暴風雨が村を襲います。村の火が途絶え、わずかに祖母の小屋の焚火だけが残ったので、村人はその火をもらい受けます。そこに父親がいるのを知ると、息子は復讐のため湖に突き落とし、父親は食肉魚の霊に食われます。息子は村を去り、風と雨を送り、火を消そうとします（ストロース『生のものと火を通したもの』みすず書房）。

ストロースはゲー神話の火を意味するジャガーの役割との関連から、その変形であることを指摘していますが、その当否はともかくとして、ここに「オイディプス神話」に似た「母子相姦」が見られ、こうした神話における「近親相姦」の多さに注目せざるを得ません。また、これは父に対する復讐譚《たん》であり、相姦関係から生じた争いです。

私には、こうした北米神話にも「近親相姦」の話が多々残されており、その結果として多くの奇形、多くの病弱者を生み出すことのほうが重要なことのように思えます。それはギリシャ神話の異形人の記述だけでなく、世界の神話が「母子相姦」を語ることによって異形人の存在の重要性を説明しているからです。

また、ここに存在する物語を、ストロースはC・G・ユングとは異なり原型の宝庫とも普遍的なシンボルの宝庫とも考えませんでした。彼は、神話というものは構造そのもので、それ自体は意味をもたないといっており、これは示唆的です。

トーテム、仮面、土偶などはそれ自体、言語的なシンボルとかコードといったものではなく、形象だけの構造を示唆しているというストロースの神話論は、私の形象論と通底するものがあります。

◉アフリカ美術の異形人

アフリカ美術は常に宗教的目的、呪術用であって形そのものにこだわったのではないというのが通説です。そこには霊の力が込められており、神秘性を帯びているといわれます。アフリカ美術研究家のM・トゥラウウェルは、ブラック・アフリカの彫刻を三種類に分け、第一は「霊を込めた美術」宗教美術、第二は「人間の美術」世俗美術、第三は「祭祀のための美術」であると述べ、大方の賛意を得ています(Margaret Trowell,*Clasical African Sculpture*, London,1954,p23)。しかし、この分類は用途の問題であり、そこにつくられている形象そのものが何かという問題に直接触れていません。

アフリカ美術の主たるものは彫刻で、祖先の霊を祀ったり、呪術を行ったりする人間像と、祭礼舞踏のための仮面が重要です。人間像は土、石、ブロンズ、真鍮《しんちゅう》、銅、鉄、象牙などで造られますが、仮面は木彫が多いです。

サオ文化（前六世紀から後一六世紀初頭まで）といわれる長く続いた時代の文化で、テラコッタの女性像として一四世紀初頭のもの（タゴ墓地出土、高さ二三センチ、パリ人類美術館）が残されていますが、それは異様です。頭の小さな長い顔に、両方の目はちぐはぐで右目は潰れており左目は大きく開いています。口は大きく突出して少し開いていますが、これは眼病で認知症の人物を描いています。

また、「祖先像」（タゴ墓地出土、高さ二五センチ、パリ人類美術館）と呼ばれる像は肩を張り、短い脚をふんばった形をしています。顔は笑ったように口を開けていますが、両目は腫れて認知症の人のようで、全体が異形人であることが推測されます。

これが縄文土偶に似ているのは、その短い脚だけではなく、その子供じみたあどけなさが共通しているからでしょう（内田園生『ブラック・アフリカ美術』美術出版社）。

ノク文化（前一〇世紀から後二世紀初頭まで）の、テラコッタ（高さ一六センチ、ナイジェリア国立ジョス美術館）の仮面は、両目の下まぶたが三角形で、鼻のへりまで下がっています。これは日本の遮光器土偶の丸いまぶたと異なるにしても、やはり眼病を患っていると推測されます。

ナイジェリア国立ラゴス美術館にある、高さ三六センチの女性頭像でも、その眼の描き方が顕著で、これもバセドウ病を思わせます。内田氏は《目玉だけでなく、鼻腔や口や耳が孔で表現されていることは、他の幾《いく》つかの頭像と同様であるが、この点は、日本の縄文後期のハート形土偶や筒形土偶にも共通している》（『ブラック・アフリカ美術』）と述べています。

また、「象の頭部」（高さ一九センチ、ナイジェリア国立ジョス美術館）といわれる頭像も、象のような鼻や耳をしていますが、異形人を象に似せて造形した可能性のほうが高いでしょう。その眼は決して象には見えないからです。

ノク文化の名高い頭像（高さ二五センチ、ナイジェリア国立ラゴス美術館）も、その不安そうな眼はバセドウ病を思わせますし、受け口の唇は兎唇《としん》に特有の状態を示しています。

イフェ文化（一二世紀初頭から一五世紀半ば）の「ラフォドの胸像」（ブロンズ、高さ三五・五センチ、ナイジェリア、イフェ古代美術館）は、その写実性で有名なもので、イフェの皇帝をあらわしているといわれます。

また、この像とよく似たブロンズの全身像が発見されたとき（一九五七年）、それが四頭身であることがわかりました。おそらく下半身を省略したのだろうと解説されていますが、これは小人として造られていると思われます。

オウォ文化（一五世紀）のテラコッタの頭部（高さ一一センチ、ナイジェリア国立ラゴス美術館）は、明らかに眼が突き出ていて眼病に病んでいるように見え、ひそめた眉も、その苦しさを伝えているように見えます。

ベニン文化（一五世紀～一九世紀末まで）は、銅のすぐれた彫刻でよく知られていますが、そのなかで高さ五九センチの人物像（ブロンズ、ウィーン世界民族博物館）は子供のような小人に見える像で、脚が極端に短く、腕も縮小しています。顔は眼がダウン症の症状を示し、鼻、口も不自然です。

◉「異様さ」に美を感じる

このような異形人が造形されるのは、ほかの異形人像と同じく、その異様性にこそある美意識を感じたからでしょう。もちろん、ベニンの彫刻の顔が、体のプロポーションと比べて大きすぎるからといって、異形人をあらわしているとは確認できません。それはすでに単純化、装飾化しており、抽象力の高さが感じられますが、その基底には小人のような異形人志向があるように見えます。

ニジェール河下流域文化（一五世紀頃～一九世紀頃まで）では、「猟師の像」（高さ三六センチ、大英博物館）というブロンズ像がありますが、これもまた異様です。

眼はノク彫刻のように逆三角形で、下まぶたは大きく盛り上がった小鼻の下辺よりもまだ下まで下がっています。口は大きく、脚は左の下脚部が極端に短く、右の下脚部にいたっては、台の下にめり込んだかのように消失しています (Frank Willett, *African Art*, New York,figg.48-9.p.77)。これをキュービズム的で幻想的な表現だという前に、異形人像として考えたほうがいいでしょう。

さらに奇妙な像（ブロンズ、高さ二三センチ、ベルリン民族学博物館）があります。それは日本の晩期の縄文土偶に似て、身長と肩幅があまり違わず、胴が短く腰と脚も短く造られています。そこには、顔の目鼻立ちとして、たった四つのイボと、中央に眼を縦にしたような裂け目があるだけなのです。この顔がどのようなものであったかうかがいしれませんが、いずれにせよこれが異形の人であったことはたしかでしょう。

最後に、ニジェール河中流域文化（一一世紀頃）の像として、「副葬女性像」（テラコッタ、高さ三一センチ、セネガル、ダカール博物館）があります。顔の長い女性が眼を閉じ、悲しみに暮れているように見えます。《わが子に先立たれた母親が、やりきれない悲しみをぐっと我慢している》（『ブラック・アフリカ美術』）と述べられていますが、これは盲目の異形人であり、その姿に制作者がある神秘的な雰囲気を感じていたにちがいありません。

ブラック・アフリカの近代美術にも、多くの異形人美術があることが指摘できます。イビビオ族の「エクボの面」（シュトゥットガルト、リンデン博物館）などは眼がただれ、鼻もつぶれ、頬がむくんだ異形人の顔です。

パフム族の高さ二九センチの木彫の頭部（個人蔵）も、眼が飛び出て頬も異様に丸く、顎がありません。こうした像が近代まで造られていることは、異形人がいかに形のうえで人々から強い関心をもたれていたかを示しています。

しかし、すでに近代は西洋の影響を受けており、また観光の発達により、本来の創作動機を忘れた彫刻家たちは次第にその写実性を失っていったのは周知のとおりです。

このようなアフリカ彫刻からピカソが影響を受けたのは、形の面白さに惹かれたのであって、その異形人性であったわけではありませんでした。このことは、西洋「近代」がすでに異形人を排除し、正常人だけの社会に入っていることによって、この前近代の重要な人間のあり方をもはや忘れ去っていたからでしょう。しかしアフリカ民族は、同じ人間の異質性から具体的な精神世界を想像し、造形化していたのです。

第三章

縄文宗教とは何か
形象で表現される神道

◉神道と縄文宗教の関係

本居宣長《もとおりのりなが》は『古事記伝』で、《鳥獣木草のたぐひ、海山など、其余何《そのほか》であれ、尋常《よのつね》ならず、すぐれたる徳ありて、可畏《かしこ》き物を、迦微《かみ》と言ふなり》（『本居宣長全集』岩波書店）と述べています。

この「かみ」の定義は、前半は自然信仰を、後半は御霊信仰を示唆しています。山、海をはじめとして、動物、植物に独立した生が営まれ、そこに精神が宿っていると考えることで、それは自然信仰であるといっていいでしょう。そして、《尋常ならず、すぐれたる徳ありて、可畏き物》とは、明らかに通常ではない特別な存在を神と考える、御霊信仰を想定できます。

さらに本居は、『等門録』で次のように述べ、自然信仰・御霊信仰に加えて『古事記』の神話を基本とする皇祖霊信仰を示しています。

《皇国に伝はれる道は、正しく神代の伝来にして、基本、高御産巣日神《たかみむすび》、神産巣日神《かむむすび》の産霊によりて、伊邪那岐《いざなぎ》、伊邪那美《いざなみ》二柱の神の始めたまひ、天照大御神の受行ひ伝へたまへる道なれば、神の道と云べきこと論なし》（『本居宣長全集』より引用）

ここでは、高御産巣日神、神産巣日神の産霊から、伊邪那岐、伊邪那美二柱の神をはじめ、天照大御神《あまてらすおおみかみ》を祖とする信仰が語られています。天照大御神を中心とする天孫降臨によって、神武《じんむ》天皇から現代の天皇までの万世一系の天皇のもととなる皇祖霊信仰があるといえるでしょう。

本居宣長のこうした神道の認識は、『古事記伝』に《すべて意も事も、言を以て伝るものなれば、書《ふみ》はその記せる言辞《ことば》ぞ主には有ける、又書紀は、漢文章《からぶみのあや》を思はれたるゆゑに、皇国の古言の文《あや》は、失《う》せたるが多きを、此記は、古言のままなる故に、上代の言の文も、いと美麗《うるわ》しきものをや》と述べられているのです。

これは、『古事記』を重要視する宣長の言葉ですが、ここでいわなければならないことは、彼の『古事記伝』そのものが漢字で書かれ、『古事記』自体も日本語とはいえ漢字で書かれていることです。日本における「古言」を文字化するときの矛盾です。

神道はもともと口承で伝わり、口誦で語られたものです。すると、文字で神道を語ることは、意も事も、失せたるものがあることになります。本居宣長が神道について文字にしたのは江戸時代のことであり、『古事記』誕生の十数世紀後のことです。そこでは、古来あった神道の意や事が、十分に文字で整理できなかっただけということです。

いったいその信仰は、どのように表現されていたのでしょうか。もちろんそれは、祭式のなかで表現されてきました。歴史学者の久米邦武氏は、《日本は敬神崇仏の国なり。国史ハその中より発達したるに、其沿革をかんがえる》ことはありませんでした。

《神道は祭天の古俗なり。

蓋《けだ》し神道は宗教に非《あら》ず故《ゆえ》に誘着利生の旨なし、只天を祭り攘災招福の祓を為すまでなれば仏教とならび行われて少し相戻らず》（久米邦武『史学会雑誌』二十三―二十五号、一八九一年）

久米氏は神道を、天を祭り攘災招福《じょうさい》の祓《はらい》を為す祭天の古俗ととらえ、仏教のような宗教として考えませんでした。これはのちに《君国に害あり》として雑誌は発禁処分となり、帝国大学教授だった久米氏が辞任に追い込まれたことによって知られています。神道が宗教として認識されなかったことは、この宗教がいかに文字理論としてとらえにくかったかが理解できます。

◉仏教の流入による日本の変化

六世紀後半から七世紀にかけて仏教が日本に移入されると、神道も意識化されていきます。蘇我氏が仏教を取り入れ、物部氏がそれに抗したとき、物部氏の信仰がどのようなものであったかが神道の自覚の歴史的な背景となっています。

彼らは仏教を、彼らの信仰と相反すると考えながら、それを理論的に論駁《ろんばく》することはありませんでした。しかし、仏教がもたらした仏像をめぐって争いが起きたのです。

五三八年もしくは五五二年に百済《くだら》から仏像・経典が到来したとき、欽明《きんめい》天皇が、《西蕃《となり》の献《たてまつ》れる仏の相貌端厳《かおきらぎら》し、全《もっぱ》ら未《いま》だ曾《かつ》て有らず。礼《いや》まうべきや否や》と群臣に下問したと『日本書紀』に書かれています。

「こんなに顔の整って美しい偶像はこれまでになかった。拝んでいいだろうか」と述べ、何よりも仏像の端麗さに驚いたのです。それまで日本人の像といえば、埴輪にあらわされる霊的存在としての像でした。そのため、仏像の写実性は天皇に衝撃を与えたのです。

日本では仏陀を「ほとけ」と呼びますが、仏陀は「浮図」「浮屠」と漢字で書かれ、「け」にあたる漢字がありません。これは日本で付け加えられたといえるでしょう。「け」は、「家」「気」かもしれませんが、それではあまり意味がありません。この「け」は「形」を意味するという説（大野晋『日本語の年輪』新潮文庫）に私は賛成します。すると、「ほとけ」は仏像を意味することになります。

それ以降、聖徳太子の解決案まで、「ほとけ」を受け入れるか否かという論争が、蘇我氏と物部氏の仏像をめぐる戦いに発展します。

欽明天皇三一年（五七〇）三月に蘇我稲目《そがのいなめ》が死ぬと、物部氏らはただちに蘇我氏の向原の家を襲って仏殿を焼き、安置されていた百済王献上の仏像を難波の堀江に流しました。この事件は『日本書紀』に欽明天皇一三年の存命中とされていましたが、『上宮聖徳法王帝説《じょうぐうしょうとくほうおうていせつ》』によれば、稲目の死後と考えるのが正しいようです。

偶像を流すという行為は、神道的にいえば人間のこうむる災禍や疫病の穢れを清めることです。のちの律令政府の神祇官《じんぎかん》の職掌の一つとなった「大祓《おおはらえ》」は、国家的に制度化された祓の儀式ですが、その際、贖いとして祓われた病禍のついた人形などの「形代《かたしろ》」が川に流され、海の彼方の「常世国《とこよのくに》」、または「地下の根国」に送られることになっていたのです（拙著『「やまとごころ」とは何か』ミネルヴァ書房）。

◉二転三転した仏像に対する思い

敏達《びだつ》天皇一二年（五八三）に再度疫病が流行したとき、大臣蘇我馬子が「卜占《ぼくせん》」をさせたところ、父の稲目が祀った「他国神（仏）」を失った祟《たた》りであることがわかりました。祭祀の要求としてぜひ「他国神」を祀るべきだというのです。その神の要求を受け入れて祀らなければ、国内の災禍は消えないといいます。

翌年九月、鹿深臣《かふかのおみ》が百済から弥勒の石像を持ち帰ったので、馬子はこれをもらい受け、祭祀を行いました。そして豊浦の石川の家にその仏像を安置し、三人の尼に供養礼拝させます。このとき、帰化系の鞍部《くらつくり》村主司馬達等《しばたっと》が「仏舎利」（釈迦の遺骨）を馬子に献じたので、豊浦・大野丘の北に仏塔を建ててその舎利を奉安しました。

ところが、それらはまた破壊されたのです。今度は敏達天皇の命で、新たに起きた疫病の流行を止めるには仏像破壊しかないと判断されたからです。大連《おおむらじ》物部守屋は拝命し、中臣連磐余《なかとみのむらじいわれ》を率いて大野丘の北の仏塔を切り倒し、蘇我馬子が建てた石川の仏殿を焼き、仏像を難波の堀江に投じたのでした。善信ら三人の尼も法衣を奪われ、海石榴市《つばいち》に監禁されました。

当時の市は、物々交換の場所であるとともに、犯罪人の処刑の場でした。天皇の命といえば大臣蘇我馬子といえども、仏像や堂塔や尼を、廃仏派の暴力から守り切ることができなかったのです。

しかし、疫病は終息しませんでした。しかも逆に仏像を捨てたことが疫病をいっそう猖獗《しょうけつ》させた原因であるという風評が支配的となり、敏達天皇さえも非難の対象となったのです。そして天皇自身も発病する不運に見舞われました。蘇我馬子も病気になり、天皇に仏法帰依の許可を求めました。今度は敏達天皇も譲歩し、馬子にのみ崇仏を認め、三人の尼を釈放します。

馬子は快癒する一方で、天皇は間もなく崩じます。当時の人々は、馬子の治癒は「他国神（仏）」の恵みであり、敏達天皇の崩御が明らかにその破仏の態度に起因していると思ったそうです。

◉日本の偶像崇拝に見る「私」より「公」の精神

敏達天皇のあと、仏教に好意的な用明《ようめい》天皇が即位しましたが、二年で病の床に就きました。聖徳太子は病気治癒のために仏教帰依を表明します。そして用明天皇の崩御後、内乱が起こり、最終的に聖徳太子が加わった蘇我氏が勝利し、仏教が取り入れられたのです。

これらの経緯を見ると、仏像は仏教の代わりとして扱われ、疫病をもたらす祟りを引き起こすものとして考えられたということです。一方で、仏像が祟りから救うものであるということも記されています。このことは、仏像そのものに威力があることを彼らが感じていたことを示しています。

ここで注目すべきなのは、その偶像崇拝のありようです。つまり、仏教を導入しても、その教義による供養礼拝ではなく、仏像に祈ることによってその「恵み」を受け取るという理解の仕方のことで、仏陀の言葉への信仰ではなく、仏像という形象の威力が疫病や個人の病気にも影響を与えたということなのです。

こうした理解は、神道的な信仰の一端を示しています。仏像を他国神として認識し、その威力が人々に影響を与えるということが、日本人の神道の信仰形態の一端なのです。つまり、それが最初に述べた日本の御霊信仰なのです。日本人は、そうした「形象」に御霊を感じることによって、「形象」を崇めるのです。

これは抽象的な「神」のみに信仰を求める一神教と異なり、多神教の一つの形態でしょうが、宗教学でいう「アニミズム」と違うのは、ある偶像を特化し、それを共同体の偶像への信仰としており、「私」より「公」の精神がまさっている点です。

仏教が、まず仏像で表現されたことは、それ以前の日本の信仰が形象で表現されていたことを示します。それまでの表現といえば、古墳時代の埴輪であり、前方後円墳のような古墳そのものであり、それ以前であれば銅剣、銅鐸《どうたく》、縄文時代であれば火焔土器、土偶がありまます。これら形象の表現が、神道の宗教表現だと考えるべきでしょう。

◉縄文土器（自然信仰）、土偶（御霊信仰）の表現

日本の縄文土器には、縄目の文様がつけられています。これは、ほかの文明の土偶が無文であるのが大半だということを考えると、ある種の特殊な表現と考えることができます。撚糸《ねんし》文、押し型文、貝殻文、竹管《ちっかん》文などもありますが、土器の文様には粘土面に押し付けて形を写し取った、いわばレリーフです。

日本列島で発見された最も古い土器は、放射性炭素14による年代測定法で、一万六五〇〇年前とされています（考古学者・中村俊夫氏の測定値）。その土偶制作から一万三〇〇〇年という測定もありますが、いずれにせよある民族が一つの地域で一万二〇〇〇年の歴史を記録したというのは世界史に例がありません。それが縄文文化ということになるのです。

ここに、最初の日本人の実用的な目的からは説明できない装飾意志が人々に共通して存在したという精神的意志を想定させます。

縄は植物の繊維をより合わせたものです。一本一本の草の繊維や、藁、蔓、木の皮は切

れたり折れたりしますが、それにより糸をかけてさらに絡み合わせると強力な力をもち、か弱い草でも縄にすると重い石を持ち上げることができます。丸太を組み合わせて縄で縛りあげると、大きな家を建てることも可能です。さらに、細い植物の繊維をより合わせることによって、弓の弦や釣り糸ができます。編み合わせて背負い籠の紐や赤ん坊のおぶり紐、衣服も制作することができます。

縄文人にとって、縄は最高の文明の利器だったのでしょう。その形を彫り込むことによって、縄の呪力や霊力を込めたということになります。土器は縄の魂を得ることによって壊れにくくなり、土器を守ることができると思われたのです。これは植物繊維が縄となることによって霊力を得る、まさに自然信仰、御霊信仰の表現のあらわれということができるでしょう。

もちろん、土器は単なる「物」ではなく、そこに魂が吹き込まれるという意味で、社会人類学者ジェームズ・フレイザーのいう「感染呪術」ということができるでしょう。しかし、縄という一つの固定した観念は、そこに日本特有の信仰を見ることができます（上田篤『呪術がつくった国日本』光文社）。

そのほか、縄文時代に使われた主要な道具類のなかで注目されるのは、用途不明とされ、信仰のためと考えられる膨大な道具類が存在していることです。石棒、石剣、岩版、岩偶、土冠、三角形土冠、三角形土製品、鐸形《たくがた》土製品などがあります。

ここではまず、縄文土器のうち「火焔土器」といわれるものをとりあげます。

◉自然信仰の「精霊」をあらわしている土偶

一章で詳しく説明しましたが、火焔土器は機能性を無視してまで彫刻的装飾性が施されている土器です。縄文模様は装飾意志をもちますが、火焔土器にはそれ以上の造形意志が感じられます。

火焔土器は縄文中期（五五〇〇年前）に造られたもので、口縁部には鶏頭冠や鋸歯のような突起がついていますが、煮炊きにも使用した痕跡があるものも多く、決して単なる装飾物ではありません。

たとえば、新潟県の十日町市博物館に展示されている笹山遺跡出土の火焔土器群は、その造形の多様性に目を瞠《みは》るものがあります。特に波状の形はあたかも水の波の動きのようで、炎だけでなく水や蛇、さらにはやや太い縄そのものが動いているように見え、神秘性が感じられるのです。

このことは、この造形が特定の自然対象ではなく、自然のさまざまな動きを象徴的にあらわした抽象的な表現であり、その表現意志として自然信仰があることが理解できます。単に対象を美術的に表現すること以上に、自然を信仰することから生まれた造形だと思われます。

これに加え、縄文時代においては質量ともにすぐれた土偶が多いことも知られています。ほとんどが破壊されていますが、現在まで三〇万点以上出土しており、考古学者からは「精霊」と漠然と呼ばれています。

二章で個別分析を行ったとおり、土偶は乳房や腹部が誇張されたものが多く、女性を表現したもので、生産の象徴として解釈され、地母神崇拝と関連づけられてきました。縄文中期以降は、顔、手、腹、足など具象的表現が見られ、祈り、あるいは子供を抱いた様子をあらわすもので、縄文人の生活の一端を示すものといわれています。また、同時期から五体をあらわすものが多くなり、有名な「縄文のヴィーナス」（長野県棚畑遺跡）などが造られます。

後期になると「ハート形土偶」（群馬県郷原遺跡）、「みみずく土偶」（茨城県御所内遺跡）、「しゃがんで頬杖をつく土偶」（福島県上岡遺跡）など、特徴のある土偶が多く造られ、晩期になると「遮光器土偶」（青森県亀ヶ岡石器時代遺跡）が造られました。これらは呪術信仰、女性の妊娠出産の連想から造られた精霊像とするのが一般的です。

しかし私は、さらに積極的にこれらも神道表現ととらえています。というのも、これも神話の一端から類推できるからです。

◉土偶に見る神道表現

『古事記』の国生み神話の段に、イザナギ、イザナミの兄妹が結婚したが、最初に水蛭子（ヒルコ）を生んでしまい、葦の船に乗せてこれを流し捨てるというエピソードが描かれています。

二柱の神は、《私たちの生んだ神はどうも出来がよくない。天つ神のところへ行って伺って》みましたが、天津神は自らどうすることもできず、鹿の肩骨を焼き、ひびの入り方を調べる占いをするよう指示します。ここで、この兄妹のいとなみを否定しなかったことは、これをタブーとする認識がなかったことを示しているのではないでしょうか。

いずれにせよ、この水蛭子も神とされています。こうした奇形児、異形の存在も、古代人にとっては神だったのです。水蛭子の名は、環形動物のヒルの形状をしていたためと思われますが、それを神と呼んでいたことになります。一方で、天照大御神の別名はオオヒルメノムチです。ヒルコには「日る子」の意味もあり、男性の太陽神を意味しているとされています。決して無視できない、神の存在だったのです。

のちの時代に、水蛭子が恵比寿として尊崇されたことも知られています。恵比寿は風折《かざおり》烏帽子《えぼし》をかぶり、鯛を釣り上げる姿で描かれ、海上・漁業の神、商売繁盛の神として信仰されることになります。この異形人は神だったのです。水蛭子だけではなく、『古事記』ではクエビコという神も登場しますが、これは山田のカカシのことを指し、足ははたらかないものの天下のことはよく知っているとされています。

土偶はまさにこれらの存在を形象化していると思われます。二章で述べたように、すべての土偶に共通して、目鼻立ちが通常の人間の顔ではなく、手足が短く、体も正常ではないように見えます。

たとえば、三内丸山から出土した「十字形土偶」を見ると、両目が縁取りされ、縞状の線がつけられています。口を丸く開け、小さな眼が縁取られてダウン症の人の顔つきをしていると見られています。

「円錐形の土偶」（山梨県鋳物師屋遺跡）などは、ダウン症の特徴が顕著です。国宝となった「合掌土偶」（青森県風張《かざはり》I遺跡）もそうですし、「ハート型土偶」も同じ様相です。また、「ネコ顔といわれる土偶」（山梨県上黒駒遺跡）は眼がつりあがった「きつね顔」といわれる類の奇形の顔をし、兎唇です。「縄文のヴィーナス」も、つりあがった眼と小さな口で、幼児の顔を思わせますが、その胸と臀部は成熟した女性像を思わせます。

特に「遮光器土偶」と呼ばれる土偶は、まるでシベリアの人々の遮光器に似ていることからその名が明治時代に坪井正五郎氏によってつけられましたが、これはまぶたが腫れた結膜炎の症状を呈しています。

この眼病は発赤《ほっせき》、腫脹し、目脂を出し、失明します。この初期の段階から、それが遮光器土偶のようにはりついた眼鏡のように形式化するまでの、四段階にいたるさまざまな例がすでにあげられています（日本考古学協会『埼玉考古』三〇、金子明彦「関東地方の遮光器系土偶――東北地方の遮光器土偶との異同」、一九九三年）。

このことから、これらの例はこの時代、兄妹婚など近親相姦によって生まれた子供を排除するのではなく、偶像化して鎮魂と崇拝を行っていたと考えられます。それ自体、御霊信仰ということができるのではないでしょうか。

◉神の伝達者としての異形人

文化人類学において「近親相姦禁忌」（インセクト・タブー）は既成のあらゆる人間社会において、形の違いこそあれ、必ず存在すると指摘しています。フロイトも「トーテムとタブー」を書いて、この禁忌とトーテムを結びつけています。

しかし、ほとんどの人間社会において、そこに到達するまでに長い時間をかけており、日本も古墳時代までその習慣は必ずしも禁忌とならなかったと考えられます。それどころか、かえって自然の行為として受け入れられていたとさえ考えられます。

また、レヴィ＝ストロースは『生のものと火を通したもの』（「神話論理1」みすず書房）において、《神話はしばしば不具者や病者らに、正の意味を付与する。媒介の様式を体現するものである》（早水洋太郎訳）と述べ、不具者、病者が神の伝達者になることを指摘しています。

こうした異形者信仰は神道といわず、世界のアニミズムに共通しているといっていいでしょう。しかし、日本人の信仰においては、火焔土器の自然信仰と、土偶を神とする御霊信仰の両方をもっており、その表現の多様性、独自性は日本人の寛容さ、やさしさを示している独自な表現といえます。

そして、本居宣長の神の定義から考えても、これらを神道の様相としてとらえることができるでしょう。本章の冒頭においた《鳥獣木草のたぐひ、海山など、其余何《そのほかなに》であれ、尋《よの》常《つね》ならず、すぐれたる徳ありて、可畏《かしこ》き物を、迦微《かみ》と言ふなり》という範疇に入るからです。

神道では巨木柱そのものも、自然信仰として早くから信仰の対象になっていましたが、これは縄文時代から見出せます。三内丸山における直径一メートルにおよぶ六本の柱の穴の発見は、まさにそれを裏づけるものでした。

また、のちの伊勢神宮で「心御柱《しんのみはしら》」が床下に杭のように打ち込まれていること、出雲大社で柱が天井裏の梁に達することから、神聖視されていたことがわかります。

◉皇祖霊信仰をあらわす前方後円墳

人間の死が宗教の源泉であることはいうまでもなく、御霊信仰においてもいかなる宗教においても、それは共通しているでしょう。死者を弔う墓もまた、そのことをよく示すものです。

日本には、世界最大規模の墳墓である前方後円墳（江戸時代の儒学者・蒲生君平《がもうくんぺい》の命名）と呼ばれる古墳が存在しています。前方後円墳は、紀元三世紀から四世紀にかけて、大和の統一政権が生まれてくる畿内で造成され、中期の四世紀から五世紀にかけて壮大なものが多数つくられました。後期は、古墳の規模が小さくなりましたが数は増え、支配者だけでなく、多くの有力者も墳墓を造成しました。

『記紀』が、この前方後円墳の記述をしていないのは驚くべきことです。これほどの国家的大事業のはずの巨大墳墓造成について、国家の記録に載せられていないのは、墳墓造成が祭祀、つまり政治と個別の存在として認識されたからでしょう。墳墓造成と儀式そのものは、まさに神事です。

死者の霊を祀り、そこを濠で囲んで聖地化すること自体、一つの精霊信仰による共同事業であることは間違いありません。それが日本独自の祭祀形態だとすれば、これも神道の一端であることが明らかです。

円部がもともと「天」をあらわし、方形部が「地」をあらわすことは、当時の人々の共通認識だったでしょう。円の部分が山となって、その頂に柩《ひつぎ》が置かれます。『日本書紀』の《古に天地《あめつち》未だ剖《わか》れず》という言葉と、《上の高天原を光らし、下は葦原の中つ国を光らす神はここにあり》という言葉は、「天」と「地」のあいだに上下の関係があることを指しますが、それはこの前円部と後方部のような、山と平地のような関係にあると考えられ、上下が平面化されていることになります。

◉神道＝御霊信仰の表現である古墳や埴輪

いずれにせよ、「天」も「地」への自然信仰にもとづき、天の円部の頂に柩《ひつぎ》を置くことによって、御霊信仰を形象表現していることがわかります。これは明らかに神道の原理を示すものです。また、仁徳天皇陵をはじめ、天皇の墳墓となっていることは、神道の根幹をなす皇祖霊信仰を示すことにほかならないでしょう。

全長四二五メートルの応神天皇陵古墳では、約二万本もの円筒埴輪のほか、家形、器材、動物、人物をかたどった形象埴輪が多く発見されています。このように、各地に造られる墳墓に飾られていた埴輪は、いったい何をあらわすのでしょうか。

埴輪は殉教者の代わりだという『日本書紀』「垂仁記《すいにんき》」の記述がありますが、この人物埴輪については、葬列説、殯《もがり》（再生のための祈り）説、首長の継承の儀式、被葬者を顕彰する説、死後の世界説など諸説出されているものの、いずれもすべてを説明する説得力に乏しく、埴輪がなぜ一貫して素朴で写実性が少ないかを明示していません。

埴輪があどけない子供のような姿をしているのは、従来、表現力の未熟さゆえと考えられていますが、意図的なもののはずです。未熟さであれば、当然、より写実的なものがあらわれ、ばらつきがあるはずだからです。

しかし、このあどけなさの一貫性は、日本人が意図的に死者の写実を避け、その霊の世界とわかるように表現していると見なければなりません。それでなければ、日本全国で一貫した表現になっていることを説明できないでしょう。その像の明るさは、霊というものの超越性をあらわしていると考えられるのです（拙著『日本の文化——本当は何がすごいのか』「埴輪はなぜ稚拙に見えるか」育鵬社）。

このように、古墳と埴輪もまた、神道の御霊信仰の一つとして理解することができるのです。

第四章　神話と縄文考古学を結びつける

◉「日高見国」とは何か

『日本書紀』の景行《けいこう》天皇二七紀に、《東夷の中、日高見国あり、その国人……是をすべて蝦夷《えぞ》という》とあります。また、ヤマトタケル（日本武尊）の陸奥《むつ》における戦い後の描写では、《蝦夷すでに平ぎ、日高見国より還り、西南、常陸《ひたち》を歴《へ》て、甲斐国に至る》と書かれています。

『常陸国風土記』『延喜式』『大祓詞《おおはらえのことば》』などにも、「日高見国」という言葉が必ず出てきます。それだけではなく、日高、日田、飛騨、そして飯高、日上、氷上など「日高見国」と関連していると思われる地名も頻出します。

この、「日高見国」とはなんなのでしょう。

賀茂真淵《かものまぶち》や本居宣長は、あれほど厳密に『記紀』の原理研究を行っているにもかかわらず、この「日高見国」については注意を払わず、大和の東辺のことだと考えています。しかし、東国の歴史を検証するにあたって、「日高見国」について知ることの重要性は論を俟《ま》たないのです。

「日高見国」については、明治以後の研究は少なく、わずかに昭和三年、歴史学者・喜田貞吉氏の「日高見国の研究」(『東北文学研究』)と、日本史学者・高橋富雄氏の『古代蝦夷を考える』(吉川弘文館)があるだけです。

さらに、民俗学者の谷川健一氏がこの二つの研究を参照して、日高見は「日の上」に由来し、ヒノモトが河内の日下であることから、大和一国のことを指すようになり、最後になぜか奥州の蝦夷地に移動したとしています。しかし「日高見国」の重要性を認識しているとは言い難く、「やまと国」以前の国名として明瞭にあげられているのに、なぜか「日高見国」の研究が少ないのです。その理由は、いつの時代も、東国が関西以西に比べると僻地であるような固定観念が強いからではないでしょうか。

◉語源で探る「日高見国」

喜田氏はまず、「日高見」の語源を検討しています。「ひだかみ」も主要語幹は「ひだ」

であり、「か」と「み」は付随的な意味合いです。「ひだ」は飛騨国を連想させますが、『類聚三代格《るいじゅうさんだいきゃく》』（承和元年〈八三四〉四月二五日官符）には、《其の飛騨の民は、言説・容貌、すでに他国人に異なる。姓名を変ずと雖《いえど》も、理《ことわり》、疑うべきなし》とあり、まるで異民族のように述べられています。

「か」は「かくれが」「すみか」「ありか」などの「か」と同じく場所のことを示し、「み」は「くまみ」「くらみ」などの「み」と同様に、「そのあたり」というほどの意味で、「浦み」「島み」のような使い方をするといいます。つまり、「かみ」は、そのあたりという意味であり、「日高見国」は「ひだ人のいるあたり」という意味だとします。さらに喜田氏は、この異民族は「蝦夷」であり、アイヌのことだと述べています。

それに若干の異論を唱えるのが、高橋富雄氏です。高橋氏は、「ひだかみ」の「ひだ」を、「ひな」の転訛した言葉として解釈したほうがよいとし、「日高見」は「夷《ひな》の国」、つまり「蝦夷国」としています。その理由として、延暦八年（七八九）九月一九日紀の詔で「日上湊」という言葉があり、これが「日の上」で「ひなかみ」と読んだから、ということです。

このことから、「日高見国」は「ひなのほとりの国」と解するとしています。「ひな」は「ひんがしのひな」であり、「あずまのひな」ともなります。そのため、景行天皇二七年紀の記述について、《東夷の中の日高見国というのは、東夷の辺境の固有の名詞化である》としています。

◉神武天皇東征以前の日本の国家「日高見国」

喜田氏と高橋氏がともにこだわっているのは、「日高見国」の読み方のうち、「ひた」の部分です。一方が「ひだ」、他方は「ひな」と読んでおり、ともに何かの先入観があるようです。また、「か」と「み」を別に解釈していますが、そのような読み方を私はとりません。

というのは、『日本書紀』の記述は漢字で「日高見国」と書かれており、それ自体、原義を体しているはずだからです。「ひたかみ」は訓読みであり、あくまで全体で一つの意味をもっていると考えられるのです。漢字で読めば、それは「ひ」が「日」で太陽であり、

「たか」が「高い」で、「み」は「見る」の意味をもっています。つまり、素直にとれば「高い太陽を見る国」と考えることができるのです。

高橋氏は、《東夷は大体において、あずまに相当していた。日高見国がそのひなほとりということになると、これは、あずまの外もしくは奥と考えられていた辺境、新あまつまということになる。のちの常陸・陸奥のような地域が、それに該当する国として浮上して来るのである》ともいっています。

ここで問題になるのは、『記紀』が書かれた時代と、「日高見国」が存在した時代の差異です。すでに七、八世紀においてこの名の国は存在していませんが、それは「日高見国」が遠く隔たった時代、すなわち景行天皇の時代より古い時代に存在し、その位置が不確かなものになっていることを示唆しています。

『日本書紀』のヤマトタケルの記述には、《蝦夷すでに平ぎ、日高見国より還り、西南、常陸を歴て、甲斐国に至る》とありますが、ここの「常陸」とは「ひたち」で、どうやらそれは「日高見」から出たという説があります。「ひたち」は「ひたかち」、つまり「日高道」「日高見路」に由来するというのです。

ヤマトタケル伝承の日高見は、『常陸国風土記』で《然《しか》（常陸と）号する所以は、往来の道路、江海《うえ》の津済《わたり》を隔たず、群郷の境堺、山河の峰谷に相続けば、近く通う義と取りて、名称となせり》とあります。これは、往来の道が、江海・山河によって隔てられることなく、まっすぐに続いて直道《ひたみち》に通うからだとしています（高橋富雄『古代蝦夷を考える』吉川弘文館）。

◉『常陸国風土記』と「日高見国」

高橋氏は、『常陸国風土記』の「古風土記逸文」に二度にわたって登場する、筑波・茨城両郡から七〇〇戸を分けて信太《しだ》郡を置いたときの記事に、《此の地は、日高見国なり》とあることから、信太郡は国の最南端に位置していると述べています。最南端が「日高見国」とすれば、常陸国全体が「日高見国」とされていたと推察されます。

《此の地は、日高見国なり》と述べていることに注目すれば、《筑波・茨城を含めてその汎称とすべきであり》、それは《日高見国筑波、日高見国茨城》として成立していたものと考えられるでしょう。

『常陸国風土記』には、《古く、相模国足柄郡以東のもろもろの県は、すべて我姫《あずま》国と称した》とあり、これらの記述から推定すると、この「我姫国」が「日高見国」を意味することになります。さらに、《孝徳天皇の世になって、我姫国を分けて八国としたが、この時、常陸国はその一国となった》と書かれており、我姫国＝東国《あずまこく》＝日高見国ということになります。

これまで「日高見国」は、常陸国の奥の陸奥国、そしてその間の多珂国ということで東北の国というイメージでしたが、関東そのものということになります。あるいは、かつては蝦夷の地、東方の辺境ということでしたが、『大祓詞』にある「大倭日高見国」という言葉にあるように、大倭と「日高見国」であり、関東にあった「日高見国」という意味になるのです。

これは、『常陸国風土記』総論条に書かれた《それ常陸国は、堺広大に、他も緬《ほろ》かなり。土地沃壌、原野肥衍《こえ》たり》（『大祓詞』『延喜式祝詞』）という国状に一致します。このことに関していえば、『釈《しゃく》日本紀』にも書かれている「日高見国」が、『大祓詞』のいうように神武天皇の東征以前の「大和」であるという言と一致しています。大和（大倭）は「日高見国」として存在したのです。

また、平安時代の『日本紀講筵《にほんぎこうえん》』の「延喜公望私記」でも、《四望高遠之地、可謂日高見国歟、指似不可言処之謂耳》（四方を望める高台の地で、いわゆる「日高見国」は指すことが言えないところである）とあるのは、それだけ広域の場所であったことを示唆しています。つまり、関東・東北一円のことだったと述べていると判断してよいでしょう。

しかしそれは、『日本書紀』の景行天皇二七年二月の条に《東夷の中、日高見国あり、その国人、男女並に椎結《かみあげ》、身を文《もとろ》げて、人となり勇み悍《たけ》し。是をすべて蝦夷と言う。また、土地壌《こ》えて曠《ひろ》し。撃ちてとるべし》と書かれたときと異なる時代のことです。この時代では、すでに「東夷」のなかの「日高見国」と考えられ、支配の対象となっており、それがヤマトタケルが東征したときの常陸国となったのです。

◉『常陸国風土記』から探る「日高見国」の位置

ヤマトタケルは九州を攻め、また関東、東北を征服しようとしたといわれている伝説の英雄です。ところが、『常陸国風土記』で注目されるのは、黒坂命《くろさかのみこと》といわれる人物で、彼は吉備武彦《きびのたけひこ》と大伴武日連《おおとものたけひのむらじ》とともに「日高エビス」を征伐したと書かれています。

これは、ヤマトタケルのように必ずしも単独の英雄的行為によるものではありません。しかし黒坂命は、陸奥のエビスを平定して常陸国の多歌（多珂）郡まで帰還したとき、角《つの》枯山《がれやま》というところで病死し、そこから「日高見国」まで進む霊柩車の幡《はた》は雲のごとく飛び、虹のごとく照り輝いていたと書かれています。

これは『日本書紀』の景行紀において、ヤマトタケルが都への帰還途中の伊勢国で病死し、白鳥となって遊幸するのとたいへん似ています。また、『日本書紀』の景行紀の「日高見国」の景観は『常陸国風土記』の常陸国の景観とよく似ており、引き写したものとさえいえるほどです。そして景行紀の蝦夷記事は、同風土記の国巣《くず》・佐伯らの生態を漢文調に潤色したものであると指摘できます。

高橋氏は《『風土記』の黒坂命を景行紀のヤマトタケルに理想化しているという考えに同調したい。『書紀』の景行天皇が『風土記』では倭武天皇として語り伝えられているのを見れば、『常陸国風土記』の原型をなした「常陸風土記旧辞書」ともいうべき古伝承こそは、景行紀日高見国・同蝦夷記事の原型になるだろうことは、ほぼ間違いないのである》と述べています。

つまり、『日本書紀』も『風土記』も、同じソースからとってそれぞれ違うように述べたものであるということになります。常陸におけるヤマトタケルの物語は、黒坂命と同じであり、タケルは天皇として巡狩を行っていると書かれているのは、『日本書紀』における父の天皇の役割となっているのです。

黒坂命が常陸、「日高見国」を統治し、エビス討伐に成功したにもかかわらず、その帰途、帰らぬ人となったという筋書きが、ヤマトタケルの行方と合致することはたいへん興味深いものがあります。その黒坂命が本国とするのが「日高見国」なのです。

『日本書紀』の「景行紀」は、「日高見国」がいかにも陸奥国であるかのような書き方をしていますが、これは時代が下って「日高見国」が陸奥国方面に移ってしまったあとのことであって、原型の黒坂命の伝説においては、「日高見国」は常陸国を含む毛野川《けぬがわ》（現在の鬼怒川《きぬがわ》）一帯の広域のことを指すと考えられます。

「日高見国」は、東は信太《しだ》の流れ海（霞ヶ浦）、南は榎《え》の浦の流れ海、西は毛野川（鬼怒川）、北は河内郡であり、海と川の水が一面にひろがって、そのあいだに陸の孤島のように丘陵が断続的に展開するところだと考えられます。

◉「日高見国」＝「日が高く」なるのを「見る」＝「日立」を「見る」

一方、神話学者の松村武雄氏は、「日高見」は「日の上」のことであり、大祓の祝詞《のりと》では「天孫降臨」があった日向《ひゅうが》国から見て、東にある大和国を「日の上の国（日の上る国）」と呼び、神武東征ののち、中心が大和に移ったことにより、「日高見国」は大和国よりも東の地方を指す言葉になったものとしています（松村武雄『日本神話の研究』培風館）。

この説からも、「日高見国」はかなり広い東国の領域を指すことになり、西の「大和国」

に対して東の「日高見国」ということになります。つまり、私が考えるように東国全体が「日が上る地方」となり、関東、東北全体をあらわすことになるのです。おそらく、このことにより神話における高天原系の国として、この「日高見国」という名前が浮上してくるといっていいでしょう。

さらに、「日高見」は「日が高く」なるのを「見る」、つまり「日立」を「見る」ことを指し、『常陸国風土記』にある信太郡が、「日の出」（鹿島神宮の方向）を「見る」（拝む）場所ではないかと考えられます。これは、旧国名の「常陸」を「日高見道《ひだかみみち》」の転化と見る説（楠原佑介『古代地名語源辞典』東京堂出版）とも対応します。

日高見国は、歴史的な存在として考えられる国家のことを意味しており、祭祀国家として成立していた地域と想定すべきでしょう。

◉「倭国」と同一視された「日高見国」

ところで、「日高見国」は『大祓詞』に「大倭日高見国」と書かれています。倭と「日高見国」が同一視され、「日高見国」が元来の大倭であったとさえ考えられています。関東だけでなく東北も含まれていることは、北上川が「日高見国」から来ているという説や、岩手県奥州市水沢に日高神社という名の神社があることからもわかります。

この地は古来、「日高見国」と呼ばれ、天之御中主神《あめのみなかぬし》、火産霊神《かぐつち》、大年神《おおとし》、御年神《みとし》、若年神、水波能売神《みづはのめ》、大国主神《おおくにぬし》、倉稲魂神《うかのみたま》の八柱を祀っているといいます。特に天之御中主神は『古事記』における最初の神であり、のちに妙見《みょうけん》菩薩と習合し、「日高妙見神社」と呼ばれるようになります。妙見信仰は、北極星への信仰であり、宇宙的な意味をもつといっていいでしょう。「高天原」の勢力がここまで及んでおり、東北が決して蝦夷地の辺境ではなかったことを示すものです（『延喜式祝詞』）。

陸奥国に常陸鹿島苗裔《びょうえい》神が多く分布していることも、それを物語っています。鹿島神は東国武力平定の神です。「ことむけやわす」神ではなく、「うしわきやわす」神として、「日高見国」を代表する神格であり、武力を司る神と考えられています。「日高見国」の祭事と政事を結ぶ神事を執り行う系譜の基となる存在でしょう。これが、鹿島神社の祭祀として、加島神（建借間神《たけかしま》）、建御雷神《たてみかづち》となって『古事記』にあらわれる神々です。

のちの陸奥国における鹿島苗裔《びょうえい》は『延喜式』では、磐城《いわき》郡、行方《なめかた》郡、亘理《わたり》郡、信夫《しのぶ》郡、黒川郡、牡鹿郡の六座、『日本三代実録』の貞観八年（八六六）正月二十日条、そして『類聚三代格』同日太政官符の伝える記録では、一三郡三八社の多くに祀られていたと記されています。

八世紀の末まで、鹿島・常陸による国津神・日高見支配の神事体制は成立し、遠く『記紀』の「日高見国」の記憶を、鹿島・常陸の各神社にとどめていたと考えられます。

常陸国は、日本列島が西南に向きを変える地点と、東北地方に縦長に進む地点が交わる点であるという地理的な特徴があります。ここが日本の国の中心であることは、古き時代の人々もよくわかっていたはずです。

古墳時代以前の神話時代――神津国の時代、考古学上の縄文・弥生時代において、この地方こそ最も人口が多く、豊かな「日高見国」の中心があったと考えても無理なことではありません。歴史上の「日高見国」が、八溝《やみぞさん》山系と多賀山系とが広い裾野を開くところに始まって、これらの山並みに導かれ、阿武隈《あぶくま》山脈が仙台湾に至ります。さらに北上《きたかみ》山地が起き、そして北上河谷平野と進み、奥羽山脈と結ばれていきます。

古墳時代以前の「日高見国」は北上川を遡り、大きな範囲の東国国家を形成していたのです。高橋氏は氷上山《ひだかみやま》＝日高見が気仙の地にあることをあげて、《日高見の歴史が確実にここに届いているのを見て取るのである》と述べていますが、東北で研究されている氏ならではの見方でしょう。

言語学者の金田一京助氏はかつて、「日の本夷の考」で、《日出所の意味では、國号日の本と奥州日の本とは全く同じである。ただ、前者は、対外関係の上における比較的位置を云為して、総称的なものであるのに対して、後者は、同じ内国についての比較的位置をさす部分的なもので、両者は全く別のものである》と述べています（『金田一京助全集』第十二巻、三省堂）。

一方は総称で他方は部分的であるといっても、やはり「日の本」の名称は、この関東・東北の「日の本」に由来することは明らかでしょう。

◉祝詞における「大倭日高見国」とは何か

ここで、『延喜式祝詞』の「日高見国」についての言及を検討してみます。

《高天原に神留ります皇親神ろぎ・神ろみの命《みこと》以て、八百万の神等《たち》を、神集へ賜ひ、神議《はか》りに議り賜ひて、我が皇御孫《すめみま》の命《みこと》は、豊葦原の水穂の国を、安国と平らげく知ろしめせと、事依《ことよ》さし奉《まつ》りき、如此《かくよ》依さし奉りき、如此依さし奉りし国中《くぬち》に、荒ぶる神等をば、神問はしに問はし賜ひ、神　掃ひに掃ひ賜ひて、語《こと》問ひし磐根《いわね》・樹立《きぬだち》、草の垣葉をも語止《ことや》めて、天《あめ》の磐座《いわくら》放れ、天の八重雲を、いつの千別《ちわ》きて、天降《あまくだ》し依さし奉りき。如此れ、依さし奉りき。如此、依さし奉りし四方《よも》の国中と、大倭日高見の國を安國と定め奉りて、天のお蔭、日の御蔭と隠《かく》り坐《ま》して、安国と平らけく知らしさむ》（『延喜式祝詞』「六月晦大祓詞」）

《高天の原に神留り坐して、事始め給ひし神ろぎ・神ろみの命以ちて、天の高市《たけち》に八百万の神等を、神集へ給ひ、神議りに給ひて、我が皇御孫の尊は、豊葦原の水穂の國を、安国と平けく知ろしめせと、天の磐座放れて、天の八重雲をいつの千別《ちわき》て、天降し寄さし奉りし時に、誰《いずれ》の神を先ず遣わさば、水穂の國の荒ぶる神等を、神攘《はら》ひに攘ひ平け《む》むと、神議りに議り給ひし時に、諸《もろもろ》の神等、皆量《はか》りて申さく、天穂日の命を遣はして平けむと申しき。是を以ちて天降し遣はす時に、此の神は返り言申さず。次に遣はし建三熊の命も、父の事に随ひて、返り言申さず。又遣はしし天若彦も、返り言申さずて、高つ鳥の禍に依りて、立処に身亡《う》せにき。是を以ちて、天つ神の御言以ちて、更に量り給ひて、経津主命、建雷命《たけみかずちのかみ》二柱の神等を天降し給ひて、荒ぶる神等を、神攘びに攘《はら》ひ給ひ、神和しに和し給ひて、語問《ことと》ひし磐根《いわね》・樹立《きねたち》・草の垣葉も、語止《ことや》めて、皇御孫の尊を天降し奉りき。如此《かく》、天降し寄さし奉りし四方の国中と、大倭日高見国を、安国と定め奉りて、下つ磐根に宮柱太しき立て、高天の原に千木高く知りて、天の御蔭、日の御蔭と仕へ奉りて、安国と平らけく知らしめさむ皇御孫の尊の、天の御舎《みわらか》の内に坐す皇神等は、荒び給ひ健び給ふ事なくして、高天の原に始めし事を、神ながら知らし食す》（『延喜式祝詞』「還却祟神詞」）

賀茂真淵は『祝詞考』で、右の二つの祝詞において「大倭日高見国」のことを「大倭なる日高見国」ないしは、「大倭という名の日高見国」と解釈し、大倭が「日高見国」であるという意見を述べています。

《日高見国とは、夜万登《やまと》の國は、四方の真秀《まほ》なるをほめて、天つ日の、空の真秀に高くあるほどにたとへいへるなり。常に、日の空の真中にあるを、日高しといふは、古へよりいひならへる言と聞ゆ。（中略）紀に、陸奥に日高見国、紀ノ國に日高郡とあるは、私記（『日本紀私記』。ここは矢田部公望延喜私記）にいへる如く、四方の望高く遠き故にてや名《なづ》けむ》（賀茂真淵『祝詞考』明和五年〈一七六八〉著、寛政一二年〈一八〇〇〉刊行）

この解釈は、本居宣長にそのまま継承されて定説化されています。『後釈』にも《日高見国とは、山遠くして打はれて、平らに広き地をいふ也。山の近き地にては、山と空の日との間近く見えて、日を見る事低きを、うちはれて広き地は、山の遠き故に山と空の日とのあひだ遠くして、日の高く見ゆる物なれば也。大和国の中央は、広く平らなる地なるを以て、かくいへり。いずれの国に囲歴るも、皆同じこと也》とあります。陸奥国、蝦夷の国についての「日高見国」というときもまったく同じだという考えなのです（高橋富雄『古代蝦夷を考える』）。

しかし、私はこれに異論を唱えます。というのは、「大倭」が「大和国」を指すことは明らかですが、これまで述べてきたように、「日高見国」は関東・東北のことで、「大和」と「日高見国」を合わせて日本のことになるからです。そうでなければ、「倭国」「大和国」とだけいえばよいのであって、奈良以西の国についてそれまで言及されていなかった「日高見国」を付け加える必要がないはずです。

賀茂真淵も本居宣長も、「日高見国」をただ「日の高く見ゆる国」と一般的に解釈していますが、これまでの調べでもわかるように、明らかに日の上る東国のことを指すのです。

◉「日高見国」があったのは縄文、弥生時代

『祝詞』では、『古事記』の景行天皇の記述のように「日高見国」について説明しているわけではありません。「遷却崇神詞《たたるかみをうつしやることば》」では、経津主命、建雷命の二柱が記されており、

これが常陸の鹿島神宮、香取神宮に祀られている関東の神々であることからも、「日高見国」が関東・東北を指していると考えられるのです。景行紀でも東国経営を「日高見国」経営物語として説いています。

ただ、私の考えに近い説は、すでに指摘されています。大正五年の『奥羽沿革史論』で喜田貞吉氏は《もう一つ、大倭と「日高見国」を二つ別々のものとする解です。（この場合は）ヤマトとエゾの国とをともに平げて安国とするのが、天皇統治の使命という事になる》と述べています。（『喜田貞吉著作集　第九巻　蝦夷の研究』平凡社）。

しかし、このエゾ、蝦夷という地方は、のちの飛鳥、奈良時代以降、征服されるべき土地として考えられるようになったときの地名で、古墳時代以前の名前は「日高見国」だったと考えられることを無視しています。さらに喜田氏は、昭和三年「日高見国の研究」では「日高見国」をエゾの国とし、やはり同一国説に戻っているのです。

《日高見国は異人の国すなわちエゾの国である。日本ははじめどこもその日高見国であり、ヤマトもその例外ではなかった。ヤマト族はそのヤマトを統合して国づくりしたのであるから、大倭即日高見国ということになる》

高橋富雄氏は、《わたくしは、大倭日高見国は、大倭と日高見国と、二つの別々な国ということにしかなりえない》としながらも、「日高見国」をエゾに限定し、《ヤマトの国と、日高見国すなわちエゾの国の両方を平げて安国とし、統治することとが、天皇国家の使命である》といっています。

日高見道＝日高道＝常陸というように、常陸の発音上の語源を「日高見国」に求めているにもかかわらず、エゾにこだわっているのです。それは、景行記の記述にこだわるあまり、東夷のなかの「日高見国」という考えにこだわっているからです。

しかし、その「日高見国」が景行天皇の時代ではなく、さらに古い時代の、現在でいう縄文・弥生時代のことだという考えに至らないので、議論があいまいになっているのです。

この高橋氏の所論は、一方で谷川健一氏によって批判されています。《高橋氏曰く、伊勢、美濃、あるいは遠江や信濃以東の東国をひっくるめて『日高見国』といっているが、やはり常陸国および奥州の北上川沿岸であると認知すべきであり、ヒノモトという土地名を同じように伊勢、美濃にまで広げているのはおかしい。要するに、『記紀』が書かれるまでそうした東国があった、というのが疑問である》(『谷川健一全集　第一巻』「ひのもと考」

冨山房インターナショナル）。

私はこの意見に賛成ですが、さらにその時代は古墳時代以前の縄文、弥生時代だったことを主張したいと思います。

◉中国の史料に登場する「日高見国」

驚くべきことに、「倭」は一〇世紀前半に出された中国の『旧唐書　倭国・日本』によると、《日本国は、倭国の別種なり》《其の国、日辺にあるを以て、故に日本を以て名となす。……或はいう、日本は旧小国、倭国の地を併せたりと》と記されています（藤堂明保ほか全訳註『倭国伝』「旧唐書　倭国・日本伝」講談社学術文庫）。

ここでは、日本が日辺、つまり太陽が上る東の辺にあって、そこから日本という国名がついた、あるいは日本は「日高見国」という小国だったが倭国、つまり大和国が支配する土地を併合したと書いているのです。これは、関東・東北にあった「日高見国」が倭国を併合したという意味で、高天原系が出雲系から国を譲らせたという国譲り神話と符合します。

同時に、実際の歴史のなかで東国が西国を併合したという事実があったことを、中国の日本通の歴史家が記したということになります。

一一世紀半ばの『新唐書　日本伝』に、次のような記述があります。

《国、日出ずる所に近し。以て名となす。或はいう、日本は乃ち小国、倭のあらわす所となる。故にその号を冒すと》

このように、一〇～一一世紀の中国の史料では、もともと日本は二つに分かれていたこと、「小国日本」という存在があったこと、そこと倭の地方を合わせて「日本」と呼ぶことを述べています。それが『祝詞』の「大倭日高見国」という言葉に対応するのです。

◉新井白石の常陸国多賀郡説をめぐって

江戸時代の朱子学者・新井白石《はくせき》がその著『古史通』で、「高天原」が常陸国多賀郡（現在は日立市、高萩市、北茨城市、十王町）である、と書いていたことは知られています。白石は「日高見国」の名に必ずしも触れていませんが、まさに彼のいう「高天原」がそれに重なるのです。白石の「高天原」＝常陸国多賀郡説を見てみましょう。

《高天原とは、私記には師説上、天をいふ也。按ずるに虚空をいふべしと見えたり。後人の諸説これに同じ。此等の説皆是今、字によりて、其義を釋《トキ》し所也。凡我國の古書を讀には古語によりてその義を解《ト》くべし。今字によりて其義を釋くべからず。高の字讀で多珂《タカ》といふは古にいふ所の高《タカノ》【國舊事紀に見えしところなり】多珂國《タカノ》【常陸國風土記に】即チ今ノ常陸ノ國多珂ノ郡の地是也。天の字古事記に讀ンで阿麻《アマ》といふと注しき上古の俗に阿麻といひしは海也阿毎《アメ》といひしは天也。天亦稱して阿麻ともいふは其語音の轉ぜしなり。原の字讀んで播羅《ハラ》といふ。上古之俗に播羅といひしは上也。されば古語に多珂阿麻能播羅《タカアマノハラ》といひしは多珂海上之《ノ》地といふがごとし》（新井白石『古史通』「古史通巻之一」）

また、言葉の音訓だけでなく、常陸国には「高天浦《タカアマノ》」や「高天ノ原」という地名が実在していたことも傍証にあげています。

《古語に播羅《ハラ》といふは上也とはたとへば日本紀に川上の字を讀ンで箇播羅《カハラ》といふがごとし。今も常陸ノ國海上に高天浦《タカアマノ》高天ノ原等の名ある地現存せり》

白石説は、『先代旧事本紀』から「高國《タカノ》」、『常陸国風土記』から「多珂國《タカノ》」を当てはめており、やはり常陸国説をとっています。この高い国の意味で「日高見国」の名とも関連しています。

『古史通』では、天御中主神《あめのみなかぬし》が主神であることが指摘されていますが、この神が『古事記』においても最初の神で、その存在が「常陸国」＝「日高見国」から生まれていることも注目すべきことでしょう。この、多賀国に近い、現在の水戸市河和田町《かわわだちょう》に「高天原」という地名があります。昔は起伏のある土地で、縄文・弥生・古墳時代の遺跡が多いですが、このことも神話と歴史の関連の深さを感じさせます。

『古事記』最初の天御中主神の存在から、この辺に「日高見国」の中心があり、縄文・弥生と連続してなんらかの関連があったと考えられるでしょう。

◉「高天原」と「日高見国」の関係

「高天原」が決して具体性を欠いた天上の世界のことではないということは、このような説でもわかりますが、これは明治時代に入っても受け継がれ、たとえば『鹿島名勝図絵』（堀田良済、明治三九〈一九〇六〉年）が次のようにいっていることでもわかります。

《高天原・高間浦　鹿島神宮の東に隔たる、二十餘町にして、この原あり。一望、広漠たる砂原に対して、矮松その間に点在す。原中に鬼塚、末無川あり、而して東は海に挑み、風光最もよし、所謂、高天浦はこれなり》

また、昔から「神留り」という鹿島神宮の神域の東の端に高所がありますが、この土地は建御雷神の立たれた場所として口誦伝承で知られているといいます。鬼塚には、祭神の建御雷神が鬼の首を埋めた、という伝説があるそうです。鬼の首からしたたる血が砂を赤く染め、末無川で剣を洗ったといいます。この「高天原」は、かつて東北の末無川が盆地状の地形をつくっていたのです。

こうした「高天原」の記憶が土地に残されているのは、鹿島神宮の近くだけではありません。常陸の国には、名高い筑波山にもあります。明治三七年の岩永長作によって出版された『筑波山』には、《高天原　稲村神社の傍《かたは》ら兀《こつ》として聳《そび》ゆる巨巌二あり、高さ十丈に及ぶ、其顚《いただき》平坦にして廣し、踞《きょ》して雌峯を仰ぐも快絶、超《たち》白雲を踏み、限界限りなきの眺望を縦《ほしいまま》にするも亦壮絶なり》と書かれています。

「高天原」の地名が、霞ヶ浦の周辺、鹿島、筑波、水戸の各地に残っていることは偶然ではないといっていいでしょう。もともとの「高天原」は広い地域を指し、それが「日高見国」のような、関東、東北などの大きな地域を指すことになったのです。そこで祖先たちが起こしたことを長老たちが受け継ぎ、我が国の神話が形成されたのでした。

◉高天原は関東・東北＝日高見時代の記憶からつくられた

これまで述べてきたことによって、「日高見国」の存在が、『記紀』において「高天原」の存在と結びついていることが判明してきました。現在残されているすべての『風土記』のなかで、「高天原」をとりあげているのは『常陸国風土記』のみであることを考えると、それも当然でしょう。

ここで、この『風土記』の「高天原」の記述を追って、この世界をどのように見ていたのか、また「日高見国」とどのように結びついていたのか考えていきます。

『常陸国風土記』の「香島郡」の条には、次のように書かれています。
《天地が創造される前、神々の祖にあたる男神と女神（人々は賀味留彌《かみるみ》・賀味留岐《かみるき》といっています）が、万の神々を高天原にお集めになられ、「これより、わが御孫《みま》の命《みこと》が豊葦原の水穂の国（日本）を統治する」と宣《の》べました。この時、高天原からこの地に降臨なされた神が香島の大神で、高天原では日の香島の宮と名づけ、地上では豊香島の宮と名づけられました。

この土地の人々の話では、豊葦原の水穂の国を御孫の命に統治させる詔を賜ったのでしたが、荒々しい神々、また石や立ち木、草の葉一枚までもが言葉を交わし、昼はあたかもハエの騒ぐように、夜は火の明かりで真昼のような国でしたので、これを鎮めるために香島の大神が高天原から遣わされ、平定したといいます。

崇神天皇の時代に、大坂山の山頂に白い着物をお召しになり、白いほこの杖をお持ちになった大神があらわれて、「私を祀るなら、お前（崇神天皇）が治める土地は、大小の国いずれも統治できるようにして上げよう」とお告げになりました。そこで天皇は、仕えている多くの部族の代表を招集して、このお告げについて尋ねられました。この時、大中臣神聞勝命が、「大八島国《おおやしまこく》（日本）は、天皇が治めるべき国である、と言葉を出されたのは、香島の国においでになる天つ大御神がお教えになられたのです」と答えました。天皇はこれを聞いて大変驚かれ、前に述べたような品々を香島神宮に奉納されたということです》（『常陸国風土記』常陽藝文センター）

この記述は、神話と常陸国とを比較するうえでたいへん重要です。特に《大八島国（日本）は、天皇が治めるべき国である、と言葉を出されたのは、香島の国においでになる天つ大御神がお教えになられたのです》というくだりは、鹿島の国、つまり常陸国に天照大御神がおられ、その教えで天皇がこの大八洲国《おおやしまこく》（日本）を治めるようになったということです。

先祖である天照大御神は、まさに常陸国の前身である「日高見国」にいたことを示しています。さらに引用すれば、この国が船によって日本を統治していたことがわかります。《古老の話では、倭武の天皇の時代、香島の大神（天照大御神）が、中臣《なかとみ》（のちに藤原氏になる）の臣狭山命《おおさやまみこと》に、「今すぐ私の舟に奉仕するように」とお告げになりました。巨狭山命が答えて「辞退する理由はありません。謹んでお言葉を承ります」と申しました。ところが夜明けにまたお告げがあり、「おまえの舟は海の中に置いた」とおっしゃいました。巨狭山命が行って探すと舟は丘の上にありました。さらに大神が「おまえの舟は丘の上に置いた」とお告げになったので、命が探すと、舟は海の中にありました。このようなことが二度、三度となく繰り返されたので、巨狭山命は恐れかしこんで新たに長さ二丈《つえ》（およそ六メートル）ほどもある舟三隻を造らせ、初めて奉納したということです》（同前）

ここで注目すべきことは、天照大御神が船を利用して大八洲国を統治していたということです。これは鹿島ー鹿児島という、海からの九州への天孫降臨が船によって行われたことを示唆しています。

◉東国三社に祀られている神からわかること

今日、茨城県の南部と千葉県にまたがる地域に、「東国三社」と呼ばれる三社があります。ちょうど「日高見国」の中心地域であり、現在も三社参りが盛んです。この「三社」とはいうまでもなく、鹿島神宮、香取神宮、息栖《いきす》神社です。それぞれ建御雷《たけみかづち》神、経津主《ふつぬし》神、天之鳥船神《あめのとりふね》が祀られていますが、最初の二神はアマテラスに「高天原」から派遣されて地上に降り、出雲の大国主命《おおくにぬしのみこと》に「国譲り」を迫った武神です。

息栖神社に祀られている天之鳥船神は、武神の乗り物「天鳥舟」の神です。二柱の神と比べると地味な存在ですが、神が乗って天空を移動すると考えられていた舟の神なのです。『古事記』では、イザナギ、イザナミが生んだ初源の神で、詳しい名は鳥之石楠船神《とりのいわくすぶね》と書きます。鳥が天空を飛ぶように、岩なり楠木で造った船の神ということになります。つまり、武器をもった船ということでしょう。また、近くの大戸《おおと》神社も「天鳥船命」を祭神としています（谷川健一『日本の神々11 神社と聖地』白水社）。

この「天鳥船神」が、アマテラスの統治する「高天原」の乗り物であることから、「日高見国」の船団の神を意味すると類推できます。というのも、関東は利根川を中心に川や湖が多く、船が最大の交通機関であり、それが天の鳥のように速く、遠距離を進んでいくというイメージがあったと考えられます。

私は、天孫降臨は鹿島から鹿児島へ向かったものと推定していますが、それは船が縄文・弥生時代にさかんに使われたことを認識したからです。九五〇〇年前、鹿児島県の上野原遺跡が三〇〇〇年続いたあと、火山爆発で破壊されました。その後、住民たちが四国、紀伊半島を北上していったことは、同じ石器が各地で見出されたことによってわかります。

船による人々の移動は、今日考えるよりもはるかに容易だったのです。大海に出ず、陸伝いに進むだけなら、長距離の船の旅は可能だったからです。鳥のように長距離を船で漕ぎ出していたことは、建御雷や経津主が「天鳥船神」と絶えずともにあったことからも推測できるでしょう。

そして香取神宮の「香取」は、「鹿取り」を意味していると思われるものの、船の「楫《かじ》取《とり》」も意味していると考えられます（大和岩雄「香取神宮」）。この神宮が鹿島神宮とともに今日でも盛大に「御船祭り」を開催しているのは、単に船人たちが信仰しているからだけでなく、ここから出発したなんらかの歴史的大事業を祀ることから始まったからだと推測できます。海を祀る神社、航海を祈る神社はほかにもあるからです。

◉「天孫降臨」は船で行われた

「鹿島立ち」という言葉が残っていることも、船で出発して遠洋航海をしたことと関係があります。近くに行くだけではこのような言葉は残りません。『万葉集』で、関東から九州へ日本の防御のために出立する防人《さきもり》の歌に見える「鹿島立ち」の言葉も、その歴史的意味を伝えているようにみえます。

鎌倉時代に書かれたといわれる『社例伝記』によると、御船祭りの神事を「三韓降伏天下泰平の大神事」と呼んだのも理由がないことではありません。のちの歴史家は、三韓ではなくてエゾだろうという人が多いですが、船でエゾを攻めたということは記されていません。三韓ほどの遠さへの遠洋航海がまさに鹿島―鹿児島への「天孫降臨」の海路と考えるほうがいいでしょう。

『常陸国風土記』ではさらに、この高天原一帯を、あたかも現実の常陸国の様子であるように記述しています。これが書かれた時代は、七～八世紀で、「高天原」であった時代と隔たっているにもかかわらず、縄文・弥生時代の様子を残しているかに見えます。特に「古老」の言葉に注目しましょう。

《神の社《やしろ》の周《めぐ》り卜氏《うらべ》の居《す》む所なり。

地體《くにがた》高《たか》敞く、東と西は海に臨《のぞ》み、峰と谷とは犬の牙のごとく、邑《むら》と里と交錯《まじは》襟、山の木と野の艸《くさ》とは、自ら内庭《にわ》の藩籬《まがき》を屏《へ》て、潤《たに》の流れときしの泉とは、朝夕の汲流《くみみず》を湧かす。嶺の頭《ほとり》に、舎《いえ》を講《つく》れば、松と竹と垣の外を衛《まも》り、谿《たに》の腰に井を掘れば、つたかづら壁《かき》の上に蔭《かく》す。春、其の村を経《ふ》れば、百《もも》の艸に艶《にほ》へる花あり。秋は其の路を過ぐれば、千《ちじ》の樹に錦の葉《このは》あり。神仙《かみ》の幽《かく》り居める境《さかい》霊異《くしび》の化誕《うま》るるところと謂ふべし。佳麗《うるは》しきことの豊《ゆたか》なるは、委《つまびら》かに、記すべからず。

其の社の南に郡家《こおりのみやけ》あり。北に沼尾の池あり。古老の日《い》へらく、神世に天《あめ》より流れ来し水沼也。生《お》ふる所の蓮根《はちす》は、味気太異《あじはいいとこと》にして、甘《うま》きこと他所《あだしこころ》に優れたり。病める者、此の沼の蓮を食へば、早く差《い》えて験《しるし》あり。鮒・鯉・多《さば》に住めり。前《さき》に郡《こほり》の置かれし所也。多く橘《たちばな》を蒔う。其の實味《みうま》し》

◉「天」＝「高天原」を示す古老の話

卜部氏、つまり香島郡の祭司者が自ら住む周辺のことを語った右の文章は、人々が常陸国を常世《とこよ》の国の神仙境と感じていたことを記しています。特に、土地の古老が沼尾の池は神代のむかしに天から流れてきた水沼であると語っており、病に苦しむ者はこの沼の蓮を食えばたちどころに治るといいます。

この土地は、神と人とが共生する空間として表現されており、鹿島の人々は神を祀り、神とともに日常を送っているとみられていたのです。まさに常陸の国が、「高天原」のようだといっているのに等しいでしょう。最初の《地體高敞《くにがたたか》く、東と西は海に臨《のぞ》む》ことは、まさに「日高見国」の地勢にふさわしいのです。特に「信太の郡」の記述は、実際に「高天原」と考えていたことが述べられています。

《ここ（碓井《うすい》）から西に高来《たかく》の里がある。古老がいうことには、「天地《あまつち》の権輿《つくりはじめ》、草木がものをよく言うことができたとき、天より降って来た神、お名前は普都《ふつ》大神と申す神が、葦原中津之国を巡り歩いて、山や河の荒ぶる邪魔ものたちをやわらげ平げた。大神がすっかり帰順させおわり、心のなかに天に帰ろうと思われた。その時、身におつけになってい た器杖（武具。これを俗にイツノという）の甲《よろい》・戈《ほこ》・盾《たて》およびお持ちになっていた美しい玉類をすべてことごとく脱ぎ棄ててこの地に留め置いて、ただちに白雲に乗って蒼天《あおぞら》に昇ってお帰りになった」。

風俗《くにぶり》の諺にいう、「葦原（湿原）の鹿はその味は焦げただれるごとし」と。これを食べてみると山の鹿肉と異なるところがある。（常陸と下総）二カ国での大猟も絶えつくすべくもないほどである》（吉野裕訳『風土記』東洋文庫）

ここでは、古老がはるか昔の言い伝えとして、天地がつくられていく時代を語る形をとっています。この「天」こそが「高天原」にほかなりません。

古老は地上の「葦原中津之国」が、常陸国を含む日本国のことであり、この地の神である経津主神が制圧され、天にお帰りになったと記しています。

興味深いのは、身につけていた甲・戈・盾や、「美しい」玉類をすべてこの地に留め置かれて行ったという記述です。白雲に乗って蒼天に昇ってお帰りになったという記述も、

『記紀』にはない詩的なものです。長老の思い出す「言い伝え」が、すでに詩心化するほど人口に膾炙《かいしゃ》していたからでしょう。

そしてここでも《西に高来の里が》あることを語っており、「高くの里がある」の言葉が「日高見国」の一つの里であることを関連づけているように思われるのです。

◉「高天原＝日高見国」時代——タカミムスビからアマテラスの統合へ

「高天原」は、天照大御神によって統治されるようになりましたが、ここで引用するのは「日本古代士族の系譜の成立」を描いた日本史学者・溝口睦子氏の『アマテラスの誕生——古代王権の源流を探る』（岩波新書）の序文にある次の言葉です。

《アマテラスはイザナギ・イザナミから生まれた太陽神で、弥生時代にさかのぼる古い女神である。そのような一千年古い神がなぜ日本では国家権力を支える神だったのだろう。日本の国家神は長い間信じられてきた。たとえば丸山真男は日本古代王朝を論じる場合、『古事記』『日本書紀』に描かれたアマテラスを考察の中心においている。

しかし「記紀」をみると、国家神は必ずしもアマテラスだけでなくタカミムスビという神がいることが分かる。しかも『古事記』は真っ先にアマテラスを上げている。しかし、『古事記』をよく注意して読むと『古事記』がアマテラスを一人だけでなく天孫降臨の主神として上げているのは一カ所のみで、あとの七カ所はすべてタカミムスビの名前をアマテラスと並べて、二神をともに命令を下す主体として記している》

「アマテラスのような一〇〇〇年古い神がなぜ日本では国家権力を支える神だったのだろう」という言葉は、示唆的です。ただ、氏は弥生時代にさかのぼる日本土着の神を「天皇制」の基本に置いていると考えるのではなく、戦後の風潮どおり四、五世紀の朝鮮半島からきたものと考えています。しかし、時代を弥生時代と考えたことは真実を突いていることを指摘したいと思います。そして、その時代にタカミムスビもいたということです。

このタカミムスビは高御産巣日神と書きますが、同時に高見・産巣・日・神と分けて読むことができます。ここには「日高見国」の三文字が入っていますが、もちろん漢字の音の問題であるにしても、この高御産巣日神が、この弥生時代までの「日高見国」の統治者としてアマテラス同様に見られていたと考えられます。

「ムス」は「産巣」と書くように、出産への祈りとともに、土地が豊かで生産的だということを示唆しており、また、音から「結び」つけるという意味もあるでしょう。

タカミムスビはまさに「高天原」に成った最初の造化三神の一柱であって、アマテラスより古い存在です。アマテラスが弥生時代の神とすれば、このタカミムスビは縄文時代の神といえないことはありません。一時代前の神と想定できるからです。

もちろん、八世紀の歴史認識には、古墳時代以前が縄文・弥生時代であったなどという区別はあるはずがありませんが、少なくとも神武天皇以後の時代以前に、二つの「古世」の時代があったのではないかと考えられるのです。というのも、『記紀』において神武天皇以前の「高天原」、つまり天津国の時代が二つの時代に分けられ、それが縄文時代と弥生時代に対応すると考えられるからです。

◉縄文時代をリードしていた関東の文化圏

縄文時代は一万三〇〇〇年前からはじまり、三〇〇〇年ほど前に終わり、次に弥生時代が始まりました。狩猟・採取時代から農耕中心時代へと変遷し、対応していることが知られています。鹿児島県には一万二〇〇〇年前の掃除山遺跡が見出され（岡村道雄『縄文の生活誌』講談社学術文庫）、同じ鹿児島県の上野原遺跡では、一万六〇〇〇年前から三〇〇〇年ほど続いた縄文遺跡が発見されました（一九八六年）。その規模の大きさは、三内丸山と同様、大規模だということが知られています。さらに、残された骨からインドネシア系の人々と似ていることが推測されました。南から船でやってきた人々です。

一方では、シベリア大陸の方面から「森の民」がやってきました。縄文人の祖先はこの民族だとよくいわれています。彼らは一万六〇〇〇年前には大陸におり、間氷期になると南下を始めました。バイカル湖付近で土器を造り、「川の民」となってアムール河を下り、海にたどり着くと「海の民」となって日本にやって来たと推測されます。

冬期には陸続きとなった間宮《まみや》海峡を渡って北海道にたどり着き、さらに船や筏《いかだ》で津軽海峡を越えて本土にやってきたと考えられます。大陸の森、河、海の体験が日本の生活に生かされたにちがいありません。そのことは、青森の三内丸山遺跡の発見に示されました。

三内丸山遺跡は、五九〇〇年前から一七〇〇年ほど続いた遺跡で、縄文人が大きな集落をつくり、クリを中心とした豊富な食料を得て生活していました。巨大な柱六本によって樹木信仰に基づく信仰生活をもち、また、墓を集落内につくり、祖先の霊との共生を図っていました。すでに神道の自然信仰と御霊信仰の祖型をもっていた社会です。

ここ三〇年の遺跡発掘により、九州から東北まで縄文文化が広がっており、狩猟・採取社会が安定した地域社会を形成していたことが理解されるようになりました。これまでの、小単位の共同体が拡散していた「原始的」時代、という認識が完全に払拭されたのです。

ハマグリ、サケ、マス、タイ、アユ、イノシシ、シカなど今日の食事と同じタンパク源が食べられていましたし、クリ、ドングリ、サトイモ、クズ、ワラビなどのビタミン類、食物繊維もともに食されていたことを考えると、現代までの物質的な「進歩史観」さえも崩れたといっていいでしょう。考古学者の小林達雄氏がいうように、《縄文時代には飢饉といった危機的状況はまったくなかった》(『縄文人の文化力』新書館)のです。

日本で発達した土器は煮沸用です。とろ火で食物を煮ることができ、ドングリのアクを抜き、根や茎などをやわらかくし、魚や動物の肉を煮て塩やだしを使って調理していました。これは、海藻を使う製塩法の起源が関東にあったということから推測できます。

『常陸国風土記』のみならず、『万葉集』にもある「焼く塩」「塩を焼く藻」「藻垂れ」の言葉どおり、塩田以前は海藻を用いた塩づくりがされていました。これまでも、縄文晩期（三〇〇〇年前）、海だった茨城、霞ヶ浦沿岸で底の浅い製塩土器が発見されていたため、製塩は関東で始まったとされていました。しかし、さらにそれ以前の東京湾岸の西ヶ原遺跡や牧之内遺跡で藻灰入りの土器が発見され、浅瀬に生えるアマモを焼いて塩をつくっていたことがわかったのです。

このことも、関東の文化圏が縄文時代をリードしていたことを示しているといっていいでしょう。「塩をつくっていたくらいで……」といわれるかもしれませんが、いくら豊富な素材があっても塩がなくては食文化は成り立たないのです。

◉世界史上でも異例の長さの縄文時代

縄文土器は、縄の形が土器の表面に刻みこまれていることから名づけられましたが、忘れてはいけないのが、縄の痕が一つの美術表現であるということです。実用には無文の土器でいいのに、必ずといっていいほど縄模様の装飾が加えられています。この縄文人の行為そのものが、ある意味で創造行為であり、美しいものに仕上げる精神があるということをあらわしています。

先述したように、縄は植物の繊維からつくるもので、そのひ弱な繊維を束ねることによって強大な力となり、巨大な石でさえも動かすことができるのです。縄文時代の文献を引用することは不可能ですが、のちの奈良時代の宮殿の平安を祈ってつくられた「大殿《おおとの》祭《ほがい》」の祝詞には《下つ綱ね、這ふ虫の禍《わざわい》なく、……引き結へる葛目《つなめ》の緩《ゆる》び、取り葺《ふ》ける草のそそきなく》（倉野憲司・武田祐吉『古事記祝詞』岩波書店）と縄の絶大な力を謡っており、「柱の下の横木を結ぶ綱が蛇やムカデの侵入を防ぎ、柱、桁、梁を締め上げている綱が緩まないように、屋根を葺いた草が乱れないように」と述べています。

縄文時代の竪穴住居と同じようなつくりであり、縄文人が綱の力を知っていたことがわかります。つまり、その縄文により、土器を護る精神をあらわしていたことになります。

また、関東・東北の貝塚文化が発達し、人口が西南部よりもはるかに集中していたことは、ゆるやかではありますが一つの統一社会が形成されていたと推定できます。東を中心に、縄文土器、縄文土偶など同一の風習が鹿児島から青森まで広がっていたことは、同一文化圏として全国の交流があり、統一性を保って同一の文化共同体があったと考えられます。外敵の侵入はありませんでしたから、戦うための国家ではなく、ゆるやかな自然信仰の祭祀国家だったということになるでしょう。

島国だったことが幸いしたのは、イザナギ・イザナミが島を次々と生み出し、「国生み」を行ったことと対応します。『記紀』が書かれた七、八世紀の人々の記憶のなかでは、それが神格化され、神話となって「高天原」という世界を想定するようになりました。それは、関東の常陸地方を中心に「日高見国」という存在が現実にあったからでしょう。日が高く昇るさまを見る国、お天道様を仰ぐ国が東国の関東・東北にあったというのは、ある意味では当然想定されることです。三内丸山もその一部でした。

さらに、古代中国からもたらされたと信じられてきた漆が、縄文時代の北日本でつくられていたことは周知の事実です。縄文晩期の青森の亀ヶ岡遺跡から赤い漆を塗った土器が発見され、それと前後して六〇〇〇年～五〇〇〇年前の千葉県加茂遺跡の地層から漆の赤い塗料が塗られた土器片が見つかり、その頃までに流布していたことがわかりました。中国の浙江省《せっこう》で六二〇〇年前の漆器が発見されましたが、北海道では平成一二年の垣ノ島B遺跡から約九〇〇〇年前の漆器が発見されました。

「縄文時代」が一万年余の長期間続いたことは、ある意味で統一国家があったことを示しています。それは決して停滞の時代ではなく、安定した自然信仰を中心とした一つの文明社会と考えられます。つまり、「日高見国」という太陽信仰の国があったのです。

古代エジプト王朝が五〇〇〇年ほど、中国の古代が四〇〇〇年ほど続いたという長さを考えると、土器・土偶が象徴する争いの少ない縄文文化の時代がいかに長く続いたかということがわかります。

◉求められる、縄文土偶の美術史的・文化人類学的考察

さて、戦後の唯物論史観は、貝塚を食料としての貝類のゴミ集積場と考えていましたが、実際は貝に対する祈りの場であったと思われます。鹿島地方には六、七〇〇〇年前、縄文前期の遺跡があります。そこの土器、石器が鹿島神宮境内の御手洗池《みたらしいけ》に向かう途中で見つ

かっています。

さらに、神宮のまわりには、ほぼ五〇〇〇年前、縄文中期の田野辺貝塚、木滝貝塚など多くの遺跡がありました。縄文前期となると貝塚が大地に残り、大規模な貝塚を形成していたことも見出されています。約三〇〇〇年前になると、神野向《かのむかい》遺跡、片岡遺跡など、鹿島神宮に関係の深い土地に人々の豊かな生活のあとが残されています。つまり、長い縄文時代の遺跡が、連続的に残っているのです。

特に神野向は、鹿島神宮の西南に位置し、台地の周囲を見下ろす位置にあります。香取神宮とも向かい合っており、武甕槌神（建御雷神）が鎮座されていたと考えられます。神野向の貝塚群からは、シカの骨などでつくった針、浮き袋の口、銛《もり》、勾玉など多数が出土しています（東実『鹿島神宮』学生社）。

弥生時代は農耕時代となったため、労働の場所が台地から低地に移っていきます。そこで神野は祭祀をする場所として、鹿島神宮、香取神宮のような国家にとっても重要な神社として残されていくのです。つまり「日高見国」は、鹿島・香取神宮を中心とした祭祀国家だったと考えられます。

『記紀』の時代の律令社会になっても、神祇官が太政官より上に位置づけられていたのは、それ以前の祭祀国家の伝統を受け継いでいるからだと推測できます。

また、縄文土器も多くは祭祀のために使われ、その火焔を模した不思議な形態が祈りのものであり、自然信仰の賜物だったことが理解されます。

縄文土偶にも、特別な意味がありました。不思議なことに、縄文土偶の存在は、美術史的・文化人類学的に考察されず、唯物論的な考古学の対象としてしか考えられてきませんでした。学者たちはこの姿を超自然的な精霊として考え、その奇妙な形状への文化人類学的な考察に至っていなかったのです。

◉同族婚と女性土偶の崇拝

二章で詳しく考察したように、文化人類学的考察では、近親相姦こそが大きな社会のメルクマールとなります。レヴィ＝ストロースは、「近親相姦が禁止されると自然状態の人類から文化状態の人類になる」という過程を重視しました。近親相姦の結果生まれる子孫たちは、当然、早死にするか奇形となります。こうした視野が考古学にはなかったのです。

イザナギ・イザナミが兄・妹の近親相姦の関係にあり、その結果「ヒルコ（水蛭子）」が生まれるというエピソードから、日本の縄文土偶が、当時、母系家族にありがちな近親相姦によって生まれた異形の女性の姿が凝縮されたものであることが推測されます。それはまた、日本の『記紀』の記述にも関連します。

ここではあまり触れませんが、神話の神々が人間と同じ過ちを行い、「天つ神」の指示を仰ぎますが、神でさえ鹿の肩骨を焼き、ひびの入り方を調べて占いをする始末です。さらに、兄妹のいとなみを非難しなかったのは、これをタブーとする認識がなかったことを示しています。ただ、最初に女から声をかけるより、男のほうからかけるほうがよいというだけです。

この近親相姦の多さは、当時が母系社会であったことを推測させます。親族社会として、祖母・母・兄弟姉妹だけでなく、おば・おじ・大おば・大おじ・いとこ・又いとこなど、大家族が多かったと考えられます。ほかの氏族の嫁や婿もいましたが、一時的な存在です。それはアメリカ東海岸の森林生活をしていたイロコイ族などと同様の氏族社会だったでしよう（ルイス・モーガン『アメリカ先住民のすまい』上田篤ほか訳、岩波文庫）。

ここでは同族結婚が当然多くなり、その結果、病気や奇形の子が生まれ、死後、特に女の子が土偶として家族に残され、霊の印として祈りの対象となったと考えられます。

◉近親相姦の消失と縄文土偶に見る奇形信仰

イザナミの、女性から男性を「いざなう」という『記紀』の感覚は、妻問婚《つまどいこん》の習慣です。『古事記』では、雄略天皇が妻問婚のかたちで若日下部王《わかくさかべのみこと》を訪ねていますが、そのとき白い犬を贈り物として持って行ったことを伝えています。こうしたかたちは異常なものではなく、母系家族制のふつうの形であり、古墳時代にもそうした形態が続いていたことが理解されます。

イザナミが亡くなり、イザナギが黄泉国に呼び戻しに行った際、「振り返ってはならない」という約束を破ったためにイザナミに追われますが、その後イザナギが一人で多くの子孫を生み出します。これを深読みすれば、女性中心ではなく、男性中心の関係、特に兄という年上の存在が年下の女性を主導しなければならないという、男女関係の変化を示しています。つまり、母系社会から父系社会へ、年功序列の社会への転換です。

それ以後、次々と生まれた正常な子孫によって国づくりが行われ、その左目から天照大御神、右目から月読命《つくよみ》、鼻から須佐之男命《すさのお》が生まれることになります。

イザナミが縄文時代の姿、イザナギが弥生時代の姿であるとする見方は妥当でしょう。建築学者の上田篤氏は、縄文の母系制社会から、弥生または古墳時代の父系制社会、あるいは父権社会への移行と見ています。つまり、女性がリードする社会から男性がリードする社会への動きと見ることができるというのです（上田篤『縄文人に学ぶ』新潮新書）。たしかに、形態としてはのちに母系制が残るにしても、男性中心の世界が始まるのです。目から生まれるという意味は、文化人類学的にいえば、見つめ合う目から愛が始まるという恋愛の関係を示しているように思われます。考古学的にいえば、縄文時代から弥生時代への変遷があったと推測できるでしょう。稲作を中心とした農耕社会となると、単独の家族だけで生きていけなくなり、共同社会が必須となります。

また、狩猟・採取時代も続き、それが農耕を補うかたちの生活が営まれることになります。弥生時代の銅鐸にあらわされる人間社会の姿は、農耕と狩猟が両方示されており、その複合性をあらわしています。この時代に近親相姦はなくなり、縄文土偶のような奇形信仰はなくなっていくと考えられます。弥生時代までが「高天原」の天つ神の時代であり、地上での「日高見国」の時代だったということができるでしょう。

大宜都比売《おおげつひめ》神が須佐之男命に殺され、その死体の頭からは蚕が、両目からは稲種が、両耳からは粟が、鼻からは小豆が、陰部からは小麦が、尻からは大豆が生じたといいます。さまざまな食べ物が出てきたのも、ちょうど弥生時代への変遷を告げています。「高天原」の天照大御神が稲を耕作し、蚕で絹をつくっているのです。

◉縄文・弥生時代から古墳時代へ――「天孫降臨」が示すもの

これまで、『記紀』の瓊瓊杵尊《ににぎのみこと》はどこかの「高天原」から直接、九州の筑紫の日向の高千穂に降りたち、大山津見《おおやまつみ》神の娘の木花之佐久夜毘売《このはなのさくやひめ》を見初め、海幸彦と山幸彦の兄弟が生まれたことになっていました。

大山津見神は「大山」といっている限り、富士山と関係しないとは考えられませんし、その娘が富士山の祭神である木花之佐久夜毘売となっていることもそのことを示しています。つまり、彼らは東国の神々なのです。

南九州自体、桜島、霧島、阿蘇山など火山性の台地で、豊かな「高天原」があったと思われる土地柄ではありません。アマテラスをはじめとして稲作や養蚕を行う平和な環境ではないことは、誰でも理解できます。

これまで「高天原」は、九州のうえの抽象的存在として考えられていました。それが戦後、ひいては『記紀』の記述への信憑性を失わせる原因になりましたし、韓国岳《からくにだけ》などという山もあることから、この九州・高天原説によって日本が朝鮮の延長のようにいう人々も出てきてしまったのです。

瓊瓊杵尊は、鹿島からたって九州の鹿児島に船団で向かって到着し、「天下った」ことを意味し、「天孫降臨」に随伴する七柱の神とは、天児屋根命（天皇を助ける藤原氏の先祖）、天鳥船神（息栖神社の神で、鹿児島へ行く船団の守り神だったと思われる）、天津日高日子《あまつひだかひこ》（「高天原」＝「日高見国」の神の子孫）などで、まさに東国三社の神々であり、「日高見国」の人々が瓊瓊杵尊を守り従う随神たちだったことを示しています。

「天下り」して鹿児島に到着したことについて、天《あま》は海《あま》と同音で、海から到着したことを意味することを、私は強調します。当時は、天と海は合一したものと思われていたはずで、宮崎の「日向」から神武天皇が東征に出発するというのも、まさに東方（日＝太陽の昇るほう）に「向」かうからでしょう。

◉大和を主導する勢力となった「日高見国」

鹿児島に「天孫降臨」し、子の山幸彦が海幸彦を従わせた逸話は、山の地方の人々、つまり関東・東北の人々が海の地方の人々である関西・九州系の人々を協力させたことを暗示してもいますが、戦争の跡はここにもありません。

南九州に「天（海）下って」から国津神の時代となり、三代目の神武天皇が同じように船団を組んで現在の宮崎から奈良地方に「東遷」することになったと想定できます。大和では長髄彦《ながすねひこ》の抵抗を受けますが、もともとここはニギハヤヒの土地で、高天原系の人々から譲ってもらうことになりますが、彼らも縄文系の氏族たちです。

九州からの弥生・縄文の連合軍がそこに都をもとうとするのも、西が大陸に向き合い、対抗する位置にあるからです。多くの大陸人が朝鮮を経由してやってくる情勢に対応しなければならず、奈良盆地を選んだのは防御のためだったのでしょう。

こうして、神武天皇のもとに日本の国家が成立していくのです。東国で、日に向かい、富士山を仰いで祭祀中心に国家形成されていたのが「日高見国」なのです。この「神武東征」で国威を高め、対外的にも団結していく姿勢ができました。

天皇が巨大な古墳を必要としたのは、国民の団結のために神格化が必要だったということも考えられます。関東を中心とした縄文・弥生時代、橿原《かしはら》神宮のある畝傍山《うねびやま》に葬られた神武天皇の後代、関西を中心とする時代になっていきます。

それとともに、関東・東北の「日高見国」は過去の世界になっていくのです。二世紀から六世紀まで続く古墳時代はその過程でした。ヤマトタケルが関東を再征服しなければならなくなったのも、それが原因です。

しかし、古墳時代でさえ、関東にも多くの古墳群があり、その子孫たちの天皇家に対する貢献を示しています。埼玉古墳群の稲荷山古墳からは、鉄剣や挂甲《けいこう》、馬具などが出土し、雄略天皇に献じたことを記す金錯銘《きんさくめい》一一五字が見出されていることがよく知られています。

さらに、前方後円墳があります。つまりこれらによって、関東が「日高見国」の流れのなかにあり、そこから大和を主導する勢力が続いていったことがわかるのです。

第五章　三内丸山遺跡の形象学《フォルモロジー》

◉「太陽の国」の三内丸山遺跡

本書ではここまで、『古事記』『日本書紀』『風土記』などから読み取れる内容を検討して「日高見国」についてフォルモロジー（形象学）を敷衍《ふえん》しつつ、実際の土地の名前と結びつけて見てきました。

すでに述べたように形象学（フォルモロジー）とは、人間が手でつくった形には必ずある種の意図や意味があるという視点から、物や美術作品を解析する学問です。私は、歴史についても文献だけではなく、形から見るようにしているのはこの視点が重要だからです。

本章で見ていく青森県の三内丸山《さんないまるやま》遺跡についても、非常に具体的な一つの地域の遺跡を形象学（フォルモロジー）で読み取りつつ、具体的に語っていきたいと思います。ただ、個々の形象から探るのではない、推測にならざるを得ないのは仕方のないことです。

三内丸山遺跡は、五九〇〇年前くらいに形成され、四二〇〇年前まで一七〇〇年ほど存続した集落で、常時四〇〇人～六〇〇人ぐらいの人々がいたと推定されています。発掘調査が本格的に開始されてからは、一〇棟以上の大型竪穴住居、約七八〇軒の一般的な竪穴住居跡が発見されました。三内丸山遺跡は明らかに一つの共同体をつくっているのです。『記紀』に書かれた「神」は「人」であると考えられ、三内丸山遺跡は、本書で述べてきた日高見国＝高天原の天御中主《アメノミナカヌシ》、高御産巣日《タカミムスビ》、神産巣日《カミムスビ》の神々が氏族であったときの遺跡だと考えられます。つまり、三内丸山の時代には一つのゆるやかな関係の国家が形成されており、三内丸山はその一部ということになるわけです。

今まで、三内丸山は考古学的な存在とだけ解釈されていました。しかし実際は、高御産《タカミム》巣日《スビ》や天之《アメノ》御中主《ミナカノヌシ》のもとにある「日高見国＝太陽の国」に集まった人たち、太陽が昇る国に集まった人たちの歴史であり、三内丸山は高天原の一地域で、しかも有力な中心地の一つだったと考えられます。

◉定住生活していた日本の特殊性

同時代の世界の多くの民族は、移動しながら暮らしていました。暮らすための条件のよい土地は敵がやってきて奪われてしまい、大陸では常に移動するのがこの時代の在り方であると考えられます。

西洋では洞窟で暮らしていても、常に外に出て食料を探し、食料が入手できなくなれば移動せざるを得ないわけで、北方では洞窟から洞窟へと移っていたということです。

しかし三内丸山をはじめとする日本の遺跡を見ると、日本人が定住生活を営んでいたことがわかります。狩猟や漁労、あるいは採集にしても、食料がなくなればほかの場所に移るのが当然の世界で、温暖な日本だけは定住して暮らすことが可能だったのです。

土器の製造ひとつとっても、非常に大きな土器がたくさんつくられています。馬車もないわけですから、敵が来てもそうした土器類を持って逃げられません。もし侵略や戦争などで攻められても、持っているものすべてを敵に与えて逃げる以外にないわけです。しかし大きな土器を使うような生活で定住し、遺跡にまでなっているのです。

また、この時代の住居の屋根は、これまでは植物性の材料を使用した藁葺きだといわれてきました。しかし今回、土を使っていた土屋根だったと判断されました。土屋根は定着性を考えた場合、非常に大事なことなのです。

竪穴住居の柱は木ですが、その木の上に、できる限り土が置けるように藁を敷くなどしていたのです。これはもちろん縄文、「縄」の時代ですからそのような藁屋根の工夫ができるわけです。縄を編んでこしらえた大きな布のようなものを木の枠組みの上に置き、そこに土を置くという土屋根の時代だったわけです。その代表的な例が、岩手県の御所野《ごしょの》遺跡です。

◉「日高見国」の竪穴住居

御所野遺跡の住居には、土が使用されていたことがはっきりしています。藁の類は発見されていませんし、その痕跡もないため、土が使用されていたことが確証できるのです。多くの考古学者が、竪穴住居は御所野遺跡と同様、土で覆われていたと考えています。

竪穴住居は土を一〇センチ～二〇センチくらい掘り、そこを床にするわけですから夏は涼しいわけです。縄文時代は、日本が温暖気候だったために成り立った文化といえるでしょう。縄文時代は、温暖でしたから、いつも春夏の気候の中で北海道から九州まで人々が

図49　三内丸山遺跡の六本柱

生活していましたが、自然の豊かさが定着に結びついていったのです。

縄文時代、人は北海道から九州まで住んでいたとはいえ、その九割は関東、東北でした。縄文時代の遺跡分布図を見ても関東、東北が圧倒的に多いわけで、関東、東北が中心だった「日高見国」が存在したこともわかるわけです。太陽の国、太陽が昇る東に人々が集まっていたという証拠です。

◉六本柱遺構が示す太陽への信仰

私は何度も三内丸山遺跡に足を運んでいますが、「遺跡」と言ってもまだ未発掘の箇所が多く全貌といったものは明確ではありません。

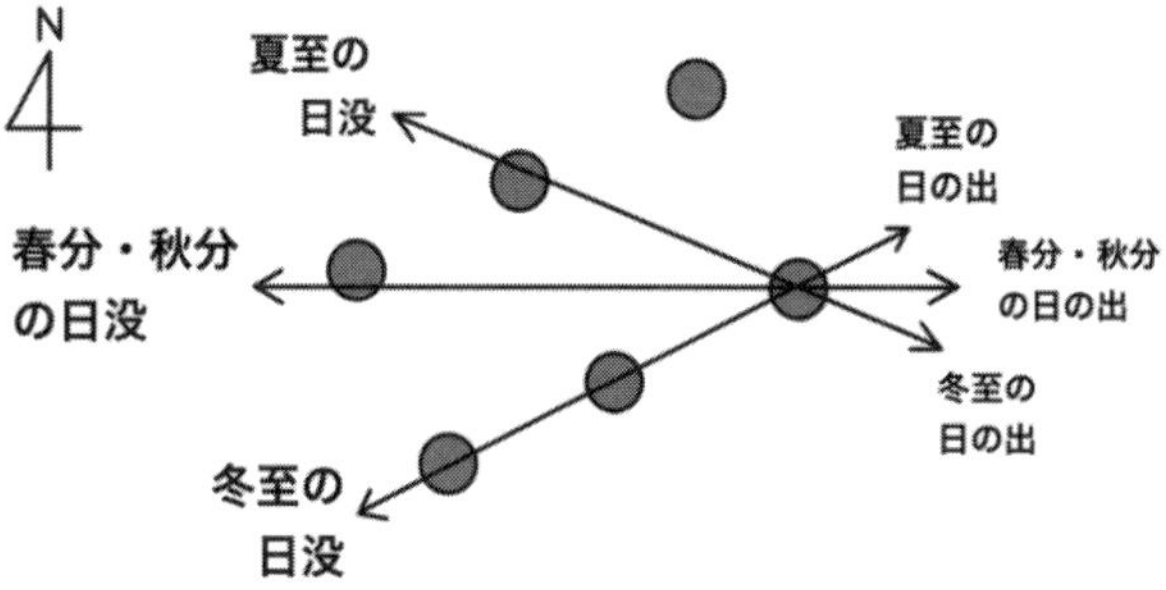

作図：茂木誠　『日本とユダヤの古代史＆世界史』（ワニブックス）より引用
図50　三内丸山遺跡の六本柱の配置

しかし、平成六年（一九九四）には、祭祀用の大型建築物の存在を示す直径一メートルの六本のクリの木の柱が見つかり、大きなニュースになりました。復元された六本柱の塔が有名ですが、これはいったい何のために建てられていたかわからないまま、六本柱遺構という穴に二〇メートルの高い柱を六本立てたわけです。復元されたように壁のない櫓だったのか、壁のある建物だったのかは不明です。

二階建てに相当する柱の高さですから、そこにのぼって上から何かを見る物見櫓《やぐら》だったという意見もあります。屋根がないわけですから住居ではありませんし、櫓としても雨降りなど天候が悪いときには役に立ちません。

ですから、単に柱だけが立っていたと考えるほうが妥当ではないでしょうか。イギリスのストーンヘンジも屋根はなく、石柱が立っているだけです。

長方形を描く六本柱の穴の、三本の柱をつなげると冬至の日没と夏至の日の出の位置を示し、対角線につなげると春分・秋分の日の出と日没で、二本の柱の線の延長は、夏至の日没と冬至の日の出の方向になります。このように、太陽の一つの方向を六本の柱が指しているということは、住民が太陽とともに生きていたということでしょう。

太陽の位置を示す役割であれば、家屋は必要ないので高い柱だけでいいわけです。高い柱ということで、やはり太陽に向かう、太陽を仰ぐという、太陽信仰をあらわしていると思われます。

櫓のように非常に高い位置から周囲を見渡すこともできますが、それは決して見張り台ではなく、三内丸山の人々が柱を仰いで夏至などの太陽の一年の動きを観測していました。太陽信仰で、六本の柱で春夏秋冬の太陽の変遷を測ることが大切なわけですから、そういう意味で三内丸山の人々が太陽信仰でしっかりと結びついていたことがこの柱でわかります。

六本柱は、掘られた穴を見るとやや中央に傾けて立てていることが穴に残された柱の基底からわかります。直立して立てていないことは、この六本がさらに横木によって支えられていたのでしょう。

さらに私は、六本柱は、太陽＝天之御中主神を祀るための柱だと考えています。この神だけは人格神ではないからです。日本では神を数えるとき「柱」と呼び、天之御中主神を「一柱」の神といいます。根がないものを「柱」と呼び、根のあるのは「幹」と呼びますが、幹は動かないわけです。

大きな六本の柱は、『古事記』にある最初の三神の一柱である天之御中主神の神を祀る塔だったと考えられます。他の柱がどの神かは断定できませんが、それぞれ六柱の神々が立っていたと見ることができるのではないでしょうか。『記紀』を書いていた人々は、そうした日本の民族の祖先たちの姿を思い浮かべていたと考えられます。

◉何百人単位で暮らしていた三内丸山

私は、この三内丸山が五九〇〇年前から四二〇〇年前の間、日本の首都であったと見ています。たとえば、東北に宮古という場所がありますが、これは完全に岩手県の太平洋岸です。「宮古」という言葉は「みやこ」＝首都のことです。そこに「みやこ」があったと予想させます。

宮は、のちの皇居のこと、皇族がお住まいのところです。このような言葉が残っていることは、後代の文字ができた時代にそれがあった、ということを示すものだと思われます。

宮城という県名は「宮城（きゅうじょう、みやしろ）」とも読めますから、ここにも「都」があったことでしょう。そして「宮」というのは「天皇がお住まいになる場所」を指します。天皇がおられたという解釈もできます。今でも「宮城」というと天皇がおられるところですが、「宮古」といい、東北にそうした言葉がいくつもあるのです。

このことでいえば、沖縄に宮古島という島がありますが、こんな南洋の孤島に「みやこ」があるはずがない、とお思いでしょうか。

三内丸山ほどの規模でなくても、日本の各地に「宮」のような地域があったことが想定できます。歴史を見ると三内丸山と同様、日本の村落は四〇〇人から六〇〇人程度を基本にしていることがわかります。

たとえば、江戸時代の元禄一〇年（一六九七）には全国の村の数が六万三二七六あり、一八世紀から一九世紀の日本の村の平均的な人口は四〇〇人から六〇〇人とされています。つまり、江戸時代まで日本人は三内丸山に居住していた人たちと同じような規模の村落を維持して生きていたわけです。

大陸では、広大な土地を狩猟民族や遊牧民族が戦いを繰り返しながら国をつくっていきました。一方、日本では五〇〇人前後の人たちが一つの集落を形成し、クリなどを主食としながら、狩猟、漁労、採集を行う村落として定着していったのです。

せいぜい一家族で集落をつくる程度の時代に、三内丸山は六〇〇人が暮らしていたともいわれています。あるいはもっと多かったかもしれません。三内丸山には六〇〇の竪穴住居があったと推測できますから、一七〇〇年のあいだに非常にたくさんの人が住んでいた可能性が高いわけです。

つまり、ほかの遺跡よりもたくさんの人たちが住んでいるわけで、「三内丸山」という言葉はあとからつくられたものですが、そこに京（きょう、天子の住まいのある土地）があったということは、決しておかしなことではありません。

三内丸山が一七〇〇年ほど続き、そこには人が住まなくなりました。その原因が、主食のクリが育たなくなったとか、寒冷化がはじまって人々が南下したからと言われます。しかし、より北にある亀ヶ岡遺跡は縄文晩期で、前期か中期の三内丸山よりも後の遺跡で、移動していません。そのことは三内丸山の移動には別の理由があったことを示唆しています。

日本ではこうした村落が一つの単位となり、その集まりによって「国」がつくられていきました。村を形成する各地の氏族たちが交流し合い、だんだんと広がっていったのです。縄文遺跡は、ほぼ甲信越から関東・東北に密集しています。遺跡がずっと連続的に続いているということは、そこに道があったと考えなければなりません。道を通って互いに連絡し合い、通商関係が生まれてさまざまな物資の交換が行われていたと考えられます。道があることによって、長い距離を旅することが可能になったわけです。

それはここが集落として「みやこ」の役割を失ったという理由が考えられます。「みやこ」としての機能が失われたということは、氏族が減少したか、後継者がいなくなったか。恐らく、そうしたことで、ここから人々が去って行ったと考えられるでしょう。次の都は、岩手県にある「宮古」だったかもしれません。

◉自然を愛し、戦争のない縄文時代

縄文時代には大きな戦争がありませんでした。三内丸山遺跡の周りにも敵を防御するような壁はありませんし、大きな溝で囲まれているわけでもありません。大勢の死者や武器などは発見されていませんし、ある考古学者は「縄文時代の一万数千年の間、大きな規模の戦争は一度もなかった」と断言しています。

縄文時代全体にわたって戦争がなかった、人々が共同体として争わなかったということは、各地域が均一性のとれた状態か、土地の優劣があまりなかったことを推測させます。つまり、自然がどこも豊かであったという証拠でもあるわけです。食料が豊かだったため奪い合うようなことはなく、多くの人々が平等に生きることができたわけですから、有利な場所を奪うような地域と地域の戦争がなかったのです。

日本で成り立っていた大きな安心感、恐怖のない「縄文精神」に基づく生活が一万何千年続いていたことが、今日の日本人にまで影響していると思われます。

私は、三内丸山遺跡の「太陽の観測用の塔」をつくった縄文人が、太陽は「見る」だけではなく、「日高見国」つまり「日が高いところから見られている」という意味で、太陽から「見られている」と考えていたと思っています。「見られている」ということで「お天道様」という考えが生まれるわけで、そこには太陽神信仰の宗教性が感じられます。

つまり、お天道様は、見事に日本の自然を守り、人間を守り、規則性を持ち、約束をたがえない存在ということです。これが縄文精神の根幹となるといっていいでしょう。

◉安定した生活が定住を可能にした

この遺跡にも貝塚があり、タンパク質として重要な食料でした。しかし、有名なのは、クリの実を食べていたことです。このクリは、炭水化物が多く、糖質も多くあります。カロリーが高く栄養があり、ビタミンも豊富です。

しかし、三内丸山遺跡の特徴の一つは、よくいわれるように周辺のクリの木のＤＮＡ鑑定からわかったことですが、人為的にクリが植林されていたことです。クリは石器時代から、ゆでなくても食用にできる貴重なエネルギー源で、人口定着の理由の一因です。

稲作栽培は、文化が発達する要因だと思わされていますが、集団生活に見合う主食ができるということは、それこそ農耕です。米や麦などの穀類などをつくる農耕生活が農耕民を生み、そこに階級ができるというのがマルクス主義の一つの見方ですが、クリの植林を考えると日本にはそのような階級は生まれていないのです。

各地でクリなどのさまざまな木の実が採取でき、それぞれの地域で常食になるような食べ物があるわけです。クリの栄養価は高く、味も美味で、一七〇〇年近く食べられていたということは、まさに自然の豊かさを示しています。

食用にも材木としても使えるクリのような木を移植して増やしていたということは、日本人が縄文時代を豊かにすごしていくための高い植生技術を備えていたということです。米がないから貧しかった、あるいは米が中国や朝鮮からやってきて初めて稲作文化が生まれたという考察はまったくの誤りだということがわかります。

こうした三内丸山遺跡における発見は、縄文時代の典型的な共同体としての価値、縄文文化の高度な文明としての価値づけになるでしょう。クリを移植して常に人々の食用にしていたということは、日本人が決して米だけの民族ではないということを示しているわけです。

三内丸山遺跡から発見された、四〇〇人から六〇〇人くらいの人たちが暮らしていたと考えられる村落跡は、江戸時代の一つの村落の人口と同じであることを先述しました。そのくらいが自立した地域生活を送るにふさわしい規模だったのです。

日本は山や川など豊かな自然に恵まれています。魚も、木の実も豊富で、特にクリがあれば米なしでも生きていけました。そうした自然の存在が、日本人に自信をもたせたのです。自然から与えられるもので生活の基本を整えていたために、日本人は安心して暮らし、心は穏やかだったのです。

常に外から食べ物を略奪しなくては生きていけない遊牧生活では不安が生まれますが、日本人はそうではありませんでした。日本人の生活上の安定感は、ここから生まれていますが、それも共同体があって初めて可能になるわけです。その共同体が集落、村落だったのです。

◉船で地方とつながっていた三内丸山

「縄文海進の時代」という言葉があります。海が高くなって水が陸に多く入り込み、高潮や洪水が多いのが縄文海進の時代です。そのことによって人々が船で旅をするなど、船での交流を可能にしたため、商業を含めお互いのつながりが深まりました。そういう時代が縄文海進からずっと続いたことが、縄文時代の交流を盛んにしたわけです。

三内丸山遺跡に残されている遺物を見ると、この土地が海にも面しているということを遺物の数々が語っています。翡翠《ひすい》や黒曜石といった、この場所では採れないものがたくさん発見されているのです。海が近いということは、船で沿岸をたどれますから、この時代でも遠方に行くことが可能だったということです。

沖に出て海流に乗るといった航法はもっとあとの時代の話で、この時代は常に岸伝いや浜伝いに沿岸を伝っていくのが船の用い方でした。ですから、交通手段としては小さな丸木舟でも可能ですが、丸木舟には安全のための工夫はありません。つまり、海岸沿いで高い波の寄せない内湾を移動していたのです。もちろん陸地を歩いて移動もしていましたが、地域ごとに独立していた社会を船でつないでいたわけです。

孤立していながらも交流がありましたから、互いに食料の運搬もできていたのです。ほかの地方から黒曜石を持ち込み、ナイフのような非常に鋭い刃を有した道具がつくられたわけです。

ですから、三内丸山はもちろん、北海道の白滝や、長野県の和田峠から黒曜石による道具が出土しているのは、もちろん陸伝いでの運搬もあったでしょうが、船を使った可能性も高いでしょう。

いずれにしても、こうした運搬は、どの時代でも行われたでしょうが、それは住居の定着による安定した生活がなされていたからです。今日の日本もそうですが、女性や子供が安心して暮らせる環境が、縄文時代にも整っていたわけです。このことの重要性は、危険性のない、あるいは恐怖感のない生活は日本人が重要な文化をつくり上げる土台となっている要件なのです。

◉氏族による大家族での生活

竪穴住居が土で囲まれているということは、安全性と同時に住人たちの輪をつくります。竪穴住居がつくる人間関係が、日本の家族という結びつきの強さ、あるいは役割分担や年功序列に強く影響していると考えられており、この一万年以上の住居の影響は現代まで続いていると私は見ています。

年功序列がどこでつくられるかというと、社会ではなく、竪穴住居内の「家」です。竪穴住居に父母がいて、兄弟姉妹がいるわけです。さらに近くにはおじ、甥、姪が住まう住居があり、そうした関係で集落を形成していたのが縄文時代の日本の村社会です。そうした家族が複数で暮らしていた一例が、三内丸山だったわけです。そしてその中心こそ『古事記』でいえば高御産巣日《たかみむすび》神系列の人だったのです。

三内丸山に、典型的な竪穴住居が六〇〇もあったということは、それだけの家族意識と秩序が三内丸山という集落全体にあったことになります。この集団が移動すれば、移動した場所でも秩序は維持されます。竪穴住居は日本全国で同じですから、日本中で同じような家族意識をもっていたと考えられます。それが日本人の民族としての性格になったわけです。

集落の住居が非同心円状に配置されていることで、機能というものを重視していたことがわかります。竪穴住居とともに高床倉庫、大型竪穴建物が一〇棟以上、約七八〇軒もある建物跡、太陽信仰の祭祀用に使われていた大型掘立柱の建物です。私は、ここでもたくさん造られた土器、土偶がどこで製作されたか、工房となった建物があったに違いありません。

遺跡の再建には、まだまだ考古学的資料が足りず、考古学者もそこには注意が向けられなかったに違いありません。大量の土器、土偶の製作には、粘土づくりから、大きな竈《かまど》や炉が必要だったでしょう。その製作の場所まではまだ研究がなされなかったのでしょう。これからの遺跡の復元には、この問題は欠かせないはずです。

いずれにせよ、竪穴住居では良くも悪くも家族意識でもった集団が形成されます。ここでは秩序に則った生活を営まれます。さまざまな工房もその家族的秩序でつくられたことでしょう。年功序列が日本の現代社会でも続いているということは、縄文時代の影響はいまだに根強いのです。

大和国ができてから二六六〇年ですが、その前に一万年以上ある縄文時代の重要性を理解する必要があります。大和、あるいは日本の社会は、年功序列ができてからの秩序の上に成り立っているわけです。

◉大型竪穴住居での集団生活による結束

三内丸山には大型の竪穴住居があります。復元された中央の大型竪穴住居の前には、図面起こしが載った案内板がありますが、これによると柱がたくさん使われており、上に重い土が乗っていても支えることができると書いてあります。

この大型竪穴住居には、それぞれの家族が集合した形でおそらく二〇〇人ぐらいは入れるでしょうが、かなり詰めればもっと入るかもしれません。

そのくらいの規模の大型竪穴住居ですから、三内丸山の人々全体をまとめる機能があっ

図51　大型竪穴住居の内部

たと考えられます。そこで何が行われたかというと、一つは祭式、祭祀でしょう。そこには太陽信仰を司る祭祀王がいたと思われます。もし、この三内丸山が「みやこ」だとするとおおきみ（＝天皇）に代わる存在がおられたことでしょう。

一つの集落の中心であり、氏族の集まる場として大型竪穴住居があるということは、人々が何らかの形で「集合体」を確認し合っていたと考えられます。それは太陽神への信仰で、太陽神に感謝する祈りの素朴な信仰だったと思われます。これは西洋的概念でいうアニミズムではありません。

西洋ではアニミズムもシャーマニズムも、「キリスト教という高いレベルの宗教の下にある素朴な自然信仰」と下に見られていますが、それは間違いで、一神教が一番よい信仰であるという西洋的概念にすぎません。

私はキリスト教美術の研究もしてきましたが、キリスト教によって「神」の絶対化が起こり、それが他の宗教だけでなく、同じキリスト教の中でも「神」をめぐって対立が生まれ、逆に秩序が乱れていくのです。一神とは何かというと、それぞれの国や地域で信仰している一神に過ぎず、同じユダヤ教が発したイスラム教もユダヤ教も、そしてキリスト教もすべて違う一神を信仰しています。

そうなると、同じ民族の人たち、たとえばスラブ族の人たちのうちでも宗教が分裂してしまうというような欠点があるわけです。それぞれの民族がそれぞれの神をつくり、それが原因で対立するのです。

もちろん宗教的対立だけではなく、食料や領土など対立原因はいろいろありますが、宗教によって始まる戦争というものは世界を悪くする一方になるわけです。宗教的対立もなく、自然に恵まれ貧困がなかった縄文時代の日本には、そうした争いがなかったのです。

三内丸山における太陽信仰は素朴なものではなく、一方で規則正しい春夏秋冬の季節、朝昼夕夜の変化に伴う時間をつくり出す太陽への信仰が自然信仰として、人々を結びつけ共同体意識をつくります。

それは、観念としてもつ「神」への信仰よりも、言葉なき精神の共同体をつくるのです。近くにいろいろな集落跡がありますが、決して三内丸山と近接して争うような集落や村落はないのです。少し離れたところでそれぞれの人々が住んでいることが、三内丸山周辺を見るとわかります。

大型竪穴住居の存在が人々をさらに労働を結びつけさせ、そこを中心として人々が秩序を維持していたのです。集団のなかには自ずと長《おさ》がおり、全体を律する責任者がおり、その祭祀王が中心的存在となって人々はまとまっていたのです。

◉三内丸山は「日高見国」の首都だった?

三内丸山の大型竪穴住居内には竈跡があり、暖をとったり煮炊きをしていたことがわかります。

産業技術総合研究所が協力した『あっぱれ! 日本の新発明』(講談社ブルーバックス)

という本で、日本の地中熱の可能性が語られていますが、私は竪穴住居は地中熱を利用していたと考えています。

先の戦争中、私は小さな子供でしたが、防空壕での経験をよく記憶しています。空襲を避けて防空壕に入るわけですが、子供ですから怖いは怖いのですが、それよりも、防空壕の心地よさを覚えています。みんなで仲よく体を寄せ合いますが、地中熱で暖かいのです。冬は暖かく夏は涼しいという性質が土にあることを知りました。この土の性質を、縄文時代の人々が利用しないはずはありません。

『あっぱれ！　日本の新発明』には、日本の地層は西洋と違い、非常に空隙があると書かれています。地中熱が岩盤で閉ざされたり崩壊することがない層が、日本の地層の上層にあるそうです。そのため、日本の地下には「お宝」が眠っており、そのエネルギーを利用すればエネルギー問題解決の一助にもなるといいます。

そうした考察と合わせ、私はフォルモロジー（形象学）、つまり形から見ることによって、三内丸山遺跡は太陽を信仰し、集落すべての人が祭祀を行い祈る、感謝をする場所としての大型竪穴住居であると結論づけているのです。三内丸山こそ、まさに日高見国の首都としての役割を十分に有していたと思われます。

◉三内丸山遺跡が語りかけてくるもの

「国」の形成には、家族共同体が緩やかに結合していくケースもあり得る、ということを三内丸山遺跡は教えてくれます。家族が中心であるという日本の国柄がそれで、日本では「国」に「家」の意味がついて「国家」という言葉を使います。

国というと一般的に近代国家を考えますから、法律があり、警察や軍隊をもち、領主や首長がいると思いがちです。しかし、必ずしもそうではないのです。

家族が住む場所が大きくなると、その場所全体が「共同体という家族連合」として認識されます。そのような集落がいくつもつながっていき、国に似た形が成立したであろうという好例が三内丸山です。

三内丸山は明らかに一つの村落をつくっていました。日本のほかの地域はどうだったのかと考えると、それほど大きくなくても必ず各地に村落共同体のようなものがあったということが十分に想定できます。

三内丸山遺跡の発見が一つのきっかけとなり、旧石器・新石器時代、そして縄文・弥生時代を歴史の時代として考える見方が出てくるようになったといえるでしょう。

本書に掲載した写真の提供元および所蔵者

図4　加曽利E式土器……千葉市立加曽利貝塚博物館
図5　大型土偶頭部……岩手県立博物館
図6　土面……東京大学総合研究博物館
図7　遮光器土偶……ColBase（https://colbase.nich.go.jp/）〔東京国立博物館蔵〕
図8　中空土偶……北海道デジタルミュージアム〔函館市縄文文化交流センター蔵〕
図12　火焔型土器……十日町市博物館
図16　「阿波の鳴戸」……国立国会図書館デジタルコレクション
図19　「木曾路ノ奥阿彌陀ケ瀧」……ColBase（https://colbase.nich.go.jp/）〔東京国立博物館蔵〕
図20　笹山遺跡出土土器群……十日町市博物館
図22　縄文のヴィーナス……茅野市尖石縄文考古館
図24　遮光器土偶……ColBase（https://colbase.nich.go.jp/）〔東京国立博物館蔵〕
図25　ネコ顔と言われる土偶……ColBase（https://colbase.nich.go.jp/）〔東京国立博物館蔵〕
図26　みみずく土偶……東海村教育委員会
図27　十字形土偶……JOMON ARCHIVES〔三内丸山遺跡センター蔵〕
図28　円錐形の土偶……南アルプス市教育委員会
図29　合掌土偶……八戸市埋蔵文化財センター是川縄文館

図30　ハート形土偶……JOMON ARCHIVES〔青森県埋蔵文化財調査センター蔵〕
図31　土偶……仙台市教育員会
図32　みみずく土偶……ColBase（https://colbase.nich.go.jp/）〔東京国立博物館蔵〕
図33　みみずく土偶……栃木県立博物館
図34　遮光器土偶……田野畑村教育委員会
図35　遮光器土偶……東北歴史博物館

＊右記以外の写真については主に『ラテンアメリカ美術史』（加藤薫著、現代企画室）等から引用、またはパブリックドメインのものを使用した。

【著者略歴】

田中英道（たなか・ひでみち）

昭和17（1942）年東京生まれ。東京大学文学部仏文科、美術史学科卒。ストラスブール大学に留学しドクトラ（博士号）取得。文学博士。東北大学名誉教授。フランス、イタリア美術史研究の第一人者で日本国史学会の代表も務める。著書に『日本美術全史』（講談社）、『日本の歴史 本当は何がすごいのか』『日本の文化 本当は何がすごいのか』『世界史の中の日本 本当は何がすごいのか』『世界文化遺産から読み解く世界史』『日本史５つの法則』『日本の戦争 何が真実なのか』『聖徳太子 本当は何がすごいのか』『日本の美仏50選』『葛飾北斎 本当は何がすごいのか』『日本国史』『日本が世界で輝く時代』『ユダヤ人埴輪があった！』『左翼グローバリズムとの対決』『日本国史の源流』『京都はユダヤ人秦氏がつくった』『新 日本古代史』『日米戦争最大の密約』『日本国史』（上・下）『日本と中国　外交史の真実』『聖徳太子は暗殺された』『［新装版］日本の宗教　自然道がつくる神道・仏教』（以上いずれも育鵬社）、『決定版 神武天皇の真実』（扶桑社）などがある。

縄文文化のフォルモロジー（形象学）　日高見国の文化

発行日　2024年６月１日　初版第１刷発行

著　者　田中英道
発行者　小池英彦
発行所　株式会社　育鵬社
〒105-0022　東京都港区海岸1-2-20　汐留ビルディング
電話03-5483-8395（編集）　http://www.ikuhosha.co.jp/
株式会社　扶桑社
〒105-8070　東京都港区海岸1-2-20　汐留ビルディング
電話03-5843-8143（メールセンター）
発　売　株式会社　扶桑社
〒105-8070　東京都港区海岸1-2-20　汐留ビルディング
（電話番号は同上）
本文組版　株式会社　明昌堂
印刷・製本　タイヘイ株式会社印刷事業部

ISBN 978-4-594-09744-8